SGビジネス双書

明日は、ビジョンで拓かれる

長期経営計画とマーケティング

石井淳蔵
栗木　契
横田浩一
[編著]

[発行所] 碩学舎　[発売元] 中央経済社

まえがき――高質なビジョンは高質な会社に宿る

ピーター・ドラッカー教授は、その晩年の著書の中で、「自分の人生は自分で設計しなさい」と言っている。そしてそのために、「あなたは、なにによって人に憶えられたいか?」という問いに答えることが大事だと言う。その問いは、「生きる上での焦点はなにか」を問う問いかけだからだ。それに対する答えが不確かでは、人生の設計もなにもあったものではない。

ドラッカー教授自身、13歳のときにあるクラスで、先生からそう問いかけられた。クラスの誰も答えられなかったが、その先生は、「答えられると思って聞いたわけではない。でも、50歳になって答えられなければ、人生を無駄に過ごしたことになるよ」と、言われたそうだ。その後、何十年かしてクラスの仲間が集まったとき、期せずしてこの問いについて話が弾んだというエピソードを語っている（ピーター・ドラッカー『非営利組織の経営』ダイヤモンド社）。彼らの人生に強い影響を与える問いだったのだろう。

「人に、なにによって憶えられたいか」の答えは、その人の生き甲斐に言及しているように思える。しかし、違うところもある。生き甲斐はその人の心の中で完結してしまうが、「なにによって人に憶えられたいか」の答えは、他人の眼への意識がある。他人の視線を意識しないと、自分のなかで完結して、独りよがりなものになってしまう。

ドラッカー自身、この問いをことのほか大切にした。「聖アウグスチヌスによれば、そこから人としての成長が始まる」と故事を引き、「この問いを問わなければ、人は焦点をなくし、方向を失い始める」と言いながら、みずからいろいろな人にこの問いを問うた。


人には、「生きるための焦点」がある。人によってその焦点は異なるが、人は、それに従って日々の行動や考えを整序する。逆に言うと、そうした焦点がないと、人は日々の行動を整序することはできないし、さらに、成長したという実感さえももつことはできない。

さて、「あなたは、なにによって人に憶えられたいか」と問われてみると、私は、あるいはあなたは、どう答えるだろうか。そんな質問を受けることはあまりないことなので、戸惑ってしまうが、気を取り直して考えてみる。私のような大学や学界でしか仕事をしていない人間なら、よい教師として憶えられたいというのか、先駆的な論文や本を書いた学者として憶えられたいというのかが、まあ相場だろう。人によって違うだろうが、どちらに焦点を合わせるかで、その人の生き方は大きく違ってくる。

「あなたは、なにによって人に憶えられたいか」という問いに対する私たちの答えはまた、同じ人でも時と共に変化する。経済学者ジョセフ・シュンペーターは、25歳のとき、ヨーロッパ一の馬術家、ヨーロッパ一の美人の愛人、偉大なる経済学者として覚えられたいと言った。しかし、亡くなる直前の60歳の頃にその問いを再びされたときには、馬のことも女性のことも言わなかった。「インフレの危機を最初に指摘した者として憶えられたいと言った」と、ドラッカー教授は紹介している。

「生きる焦点」が定まればこそ、その人は、日々の充実した生が与えられる。しかし、ここでとくに述べておきたい点は、生きていくうえでそうした「生きる焦点」をみずから創り出さなければならないという点にある。だれかが、それを与えてくれるわけではない。人は、動物たちのように、無機質な自然の世界をそのまま自然に生きることはなく、「みずからの『生きる焦点』を、みずから創り出しながら生きていく」存在なのだ。

その意味で「生きる焦点」は、日々の生を力強く支えてくれるのは確かだとしても、自分で自分のために創ったものなので、必ずしも確固とした存在であるというわけにはいかない。なにかの折に、「私の生きる焦点は、これで正しかったのだろうか」という疑念が芽生え、それまで大事だと思っていた「生きる焦点」が突然、意味を失ってしまうことがある。シュンペーターの話を聞いてわかるように、「生きる焦点」は自分の生活のありようや周りの状況により変化する。言い換えると、人は、自分の「生きる焦点」に相応しい生き方（行動、姿勢、態度）を選ぶという側面とともに、自分の生き方に相応しい「生きる焦点」を選び直すという側面もあるのだ。

そう考えると、絶対的に正しい生きる焦点や生き方があるわけではないということがわかる。大事なことは、正しいと思う自分の「生きる焦点」に相応しい自分の生き方を持ちえたかどうかである。その一貫性が大事なのだ。そして、そうした一貫性を保つことができるように、人は、「生きる焦点」に応じて生き方を整序し、また生き方に応じて生きる焦点を調整するのだ。こうしたダイナミックな関係の中で、「生きる焦点」と生き方の一貫性が保たれる。この一貫性さえ保つことができれば、その人の日々の生活はきっと充実したものになる。

会社にも同じロジックが働く、と私は思う。会社についても、人と同じように、「生きる焦点」と生き方、そしてその一貫性の大事さを指摘できそうだ。このうち、「生きる焦点」に妥当するものが本書で言うところの「ビジョン」、そして「生き方」は会社の戦略や組織ということになるだろう。

その伝で言うと、ビジョンとは、「私たちの会社は、なにによって人に憶えられたいか」を語るものであり、会社の生き方を指し示すものである。人は、生きる焦点を得て初めて、食べて寝るだけの無機質な人生から、朝起きるのが楽しみという人生に変わる。それと同様に、会社はビジョンを得て初めて、市場で利益を稼ぐだけの機械から、社会において生きる意味をもった存在になる。

そこで働く人も、そうだ。会社にビジョンがあって初めて、給料を得るだけの場所ではなく、会社を通じて自分の思いを実現すべく毎日弾むような気持でそこに集うことができるようになる。働く人々に相応しいビジョンは、その会社で働く人々の求心力となり、彼らの日々の活動に充実感を与える役目を果たすのだ。

そのビジョンを決めるのは、人の場合と同様、他の誰でもなく、その会社自身であることをあらためて強調したい。なかには、「天から使命が降りてきた」と感じている会社があるかもしれないし、会社は営利組織だという経済学者の言葉をそのまま鵜呑みにしている会社もあるかもしれない。いずれの場合も、しかし、それとして受け入れるのはその会社自身なのだ。つまり、組織は、みずからその後の生き方を決める「生きる焦点」を、自分で選んでいるのだ。

繰り返し言うが、その会社のビジョンを創るのはその会社でしかない。そして、そのビジョンがその組織にとって正しい（あるいは良い）ビジョンであるかどうかは、その会社のその後の生き方に依存して決まる。言い換えると、ビジョンの正当性は、それを創った会社みずからが証明していくしかないものなのだ。人と同様、会社のビジョンと会社の生き方（戦略や組織など）とは、お互いにとっての相応しさ（相互の一貫性）を保つことが大事なのだ。言い換えれば、「高質なビジョンは、高質な会社にしか宿らない」ということになる。

最後に、本書の成り立ちを簡単に紹介して終わろう。本書は、日本経済研究センターにおいて実施された「長期ビジョン研究会」での研究成果である。横田浩一が研究会メンバーを組織化し、栗木契が諸論考の編集を行った。共編著者としての私の役割は限られたものであったが、年長者の故をもってこのまえがきを書いている。

あらためて、共編著者である横田と栗木と共々、公益社団法人日本経済研究センター、そして研究会に参加して刺激的な発表と意見をいただいた方々に、この場をお借りして心よりお礼を申し述べたい。

平成27年初春の候

流通科学大学学長　石井淳蔵

●目次

第4章 サントリー——ビジョンの継承で市場を拓く——121

第5章　ＩＢＭ――経営危機からの再生が生んだ長期経営ビジョン――157

補章　長期経営ビジョンを考えるにあたっての環境について

第１章

事業の未来をビジョンで拓く

1　はじめに

なぜ、会社にはビジョンが必要なのか。

経営者の重要な役割は、事業の未来を拓くことである。目先の利益を高めようと、ちまちまとした金勘定をしているばかりでは、長期的な企業の発展は望めない。未来に向けて、事業を新たなステージへと進めていくことが必要だ。

企業の経営陣は、いつの時代にあっても、この課題に繰り返し直面することになる。とはいえ、今の日本にあっては、10年後、20年後の企業や産業のあり方を見通すことは難しい。エネルギー、雇用、社会保障、気象、そして国際関係。現行の体制がそのまま存続するとは、とても思えない。だが、新たにどのような体制へと移行するかが定まっているわけでもない。

事業の未来を拓くといえば、聞こえはいいが、要するに道なき道に多くの人たちを向かわせるわけだ。方向性を示さないことには組織は動かない。そこで必要となるのがビジネスモデル、そしてビジョンである。

「こちらに行ったほうが、正しそうだ」

図表1-1　事業の未来を方向付けるモデルとビジョン

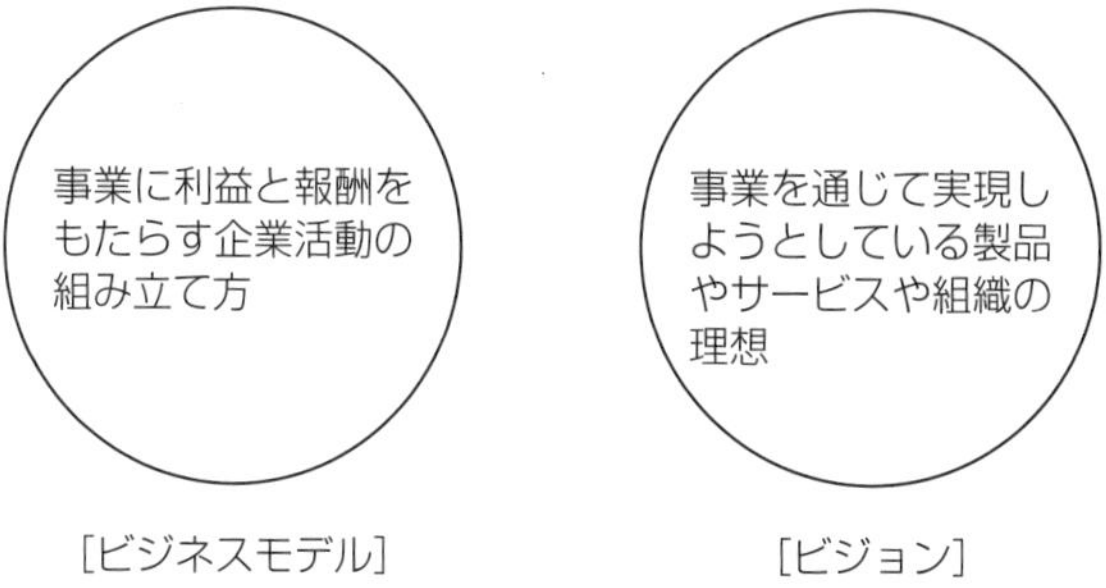

事業にかかわる人たちを、このように思わせる。これが事業の未来を拓く上でのビジネスモデルとビジョンの役割である。

事業を未来へと方向付ける「正しいこと」には、利と義の2つがある。この利と義がビジネスモデルとビジョンである。ビジネスモデルは、利益と金銭的報酬を事業にもたらす企業活動の組み立て方を提示し（井上（2012）53-54頁）、ビジョンは、事業を通じて実現しようとしている製品やサービスや組織の理想を描き出す（Baum, Locke & Kirkpatrick（1998））。

2　ビジネスモデルとビジョン

事業を方向付けるビジネスモデル

本書の課題は、なぜ企業にはビジョンというものが必要なのかを考えるとともに、このビジョンという一筋縄ではいかない存在をいかにマネジメントすればよいかを探ることである。本書は、そのための7つのケース論文を収録している。

本書の主題は、企業のビジョンである。広く考えれば、ビジョンとは企業だけのものではなく、個人やＮＰＯ、あるいは企業内の小集団のレベルでもビジョンを描くことはできる。ビジョンというもののあり方は幅広い。そのなかにあって本書は、事業という土俵において企業はビジョンをなぜ必要とし、それをどのようにマネジメントすべきか、という問題に関心を限定している。したがって、本書で「ビジョン」という場合には、特に断りがないかぎり、企業のビジョンを指すこととする。

さて、以下の本章の役割は、本書の７つの企業の事例と向き合うための準備作業である。そこで本章ではます、ビジョンというものの役割を見定めるために、事業を方向付けるもうひとつの「正しいこと」――すなわち、事業に利益と金銭的報酬をもたらす道筋を示すビジネスモデル――との関係を整理する。その上で本章の後半では、ビジョンとは、誰が、何を、いつ、どのように語るべきものなのかを検討する。

小売りにおけるビジネスモデルの変容

事業にはいくつものビジネスモデルがあり、その栄枯盛衰が繰り返されてきた。このビジネスモデルのダイナミックな性格を確認することから話をはじめよう。

総合小売りという業態は、一世を風靡した小売りのビジネスモデルである。

現代人の生活は、日々買い物をしなければ成り立たない。1日の仕事を終えた後、あなた（あるいは、あなたのパートナー）は、何を買って家路につくだろうか。食パン、牛乳、トマト、マヨネーズに歯ブラシ……。

今日という1日だけではなく、さらに1週間単位で考えれば、あなたと家族は、相当のものを購入する必要がある。1つの店で買いそろえることができれば便利だろう。

そこで生まれたのが、さまざまな生活や購買の状況に合わせて、衣食住の商品を取りそろえるワンストップ型の大規模小売店である（石井（2009）；向山（2009））。最寄り品であれば総合スーパー、買い回り品であれば百貨店が、小売りの総合モデルの代表的な業態である。

とはいえ近年は、小売りの総合モデルは旗色がよくない。駅ナカのモールを見ればわかるように、カジュアル衣料、スニーカー、生活雑貨、惣菜、スイーツ、カフェと、各種の専門店を、デベロッパーが一カ所にそろえれば、ワンストップ・ショッピングが実現する。そして、そこに出店する専門店チェーンが、集中特化を通じて、総合スーパーや百貨店を上回る魅力的な接客や品揃えを、各々のカテゴリーで実現するようになりはじめると、総合モデルの優位性は揺らぐ（向山（2009））。

ものづくりにおけるビジネスモデルの変容

設計と製造の統合は、かつての電子立国日本における製造企業の支配的モデルだった。生産の現場をもつことは、ものづくりの強みとなる。同一企業内に設計部門と製造部門があれば、取引費用にわずらわされることなく、両部門の密度の高い情報交換が促され、製品の高度なつくり込みが実現する。かつての日本の電子産業は、テレビ、VTR、半導体と、圧倒的な競争力で欧米諸国との貿易摩擦を繰り返し引き起こしてきたわけだが、当時の主要企業のすべてが、程度の差はあれ、この統合型のビジネスモデルを採用していた（西村（2014）37-40頁、111-112頁、170-171頁、214頁）。

しかし、電子産業で広がったデジタル機器のモジュラー化は、設計部門と製造部門の情報のやり取りを標準化した（延岡・伊藤・森田（2006））。そのなかで、設計部門と製造部門の密接な情報交換は、重要な付加価値の源泉ではなくなっていった。

こうした変化をうけて、世界的な電子産業の成長株も変わった。新たに台頭してきたのは、工場をもたず、設計や企画に特化するファブレスであり、製品ブランドをもたず、製造の受注に特化するファウンドリである。スマートフォンのアップルや、テレビのビジオや、半導体のクアルコムといった企業はファブレスであり、これらの企業の製品の生産を、鴻海やTSMC

といったファウンドリが担っている。日本の電子産業は、この統合モデルから分業モデルへの切り替えに乗り遅れたとされる（西村（２０１４）160-180頁、226-230頁）。

ビジョンの役割

未来における事業の利益と金銭的報酬。ビジネスモデルは、その実現のために企業活動をどのように組み立てていくべきかを描き出す。

しかし、未来を拓こうとするとき、事業にかかわる人たちにビジネスモデルを提示するだけでは、以下で述べていくようなジレンマに陥ることが避けられない（石井（２０１２）29-33頁：栗木（２０１２）81頁、202-206頁）。事業におけるビジョンのひとつの役割は、このビジネスモデルというものの限界を補完することにある。

普遍法則ではない支配的モデル

いつの時代にも、そのときどきの産業における支配的なビジネスモデルがある。小売りの総合モデルも、ものづくりの統合モデルも、かつては支配的モデルであり、旧態依然とした他の事業者を圧倒していた。支配的モデルの収益性や成長力は、特にその全盛期には、絶対視されがちである。

だが、振り返ってみれば明らかなように、これらのビジネスモデルは普遍の法則ではない。ビジネスモデルが有効に作用するのは、特定の状況のなかにおいてである。そして、状況は時間の流れとともに変化していく。支配的モデルに依拠した事業の道筋をようやく確立したときには、状況は変わっているかもしれないのである。

支配的モデルが示しているのは、その時々の産業における、お金の追いかけ方の道筋である。しかし、それが普遍の法則ではない以上、支配的モデルに従って事業の未来に向けた歩みを進めていっても、長期的には、次のような逆説を覆すことができない。

「お金は、追いかけると逃げていく」

事業の未来を拓くには、支配的モデルを押さえるだけでは十分でない。

新しいビジネスモデルを見いだすだけでは、なぜ駄目なのか

事業の未来に向けた組織の求心力を確立しようとするとき、ビジネスモデルだけでは限界がある。支配的モデルに依拠して事業の未来を拓こうとするアプローチの限界については、すでに述べた。とはいえ、支配的モデルに代わる新しいビジネスモデルを見いだせば、問題が解決するわけでもない。

電子産業を例に、なぜ、新しいモデルを見いだしても、ビジネスモデルに頼るだけでは駄目

なのかを考えていこう。かつて日本の電子産業は、統合モデルによるものづくりで世界を圧倒していた。この時代に外部のコンサルタントが、分業モデルへの切り替えを、産業の主要企業に提案していたらどうなっていただろうか。情報の選択的取得の問題、あるいは将来の予測データの信頼性の低さを考えると、それだけでは、企業の構成員の多くを、「こちらに行ったほうが、正しそうだ」と本気で思わせることは難しかったはずである（加護野（1998）132-148頁：原田（2014）186頁）。

半導体産業における設計と製造の分業モデルへの転換。この見通しを、西村吉雄氏は1980年代から、専門雑誌や書籍や講演において繰り返し発表していた。しかし、西村氏の体験談によれば、多くの半導体メーカーの幹部の反応は冷ややかだったという（西村（2014）140-141頁）。

「理屈ではあなたの言うとおりだと思うよ。でもウチの会社じゃ無理だね」

今、現実に大きな利益を稼ぎ出しているビジネスモデル。これを、簡単に否定するわけにはいかないのだ。

その後の産業の推移はどうだったか。周知の通り、日本の半導体産業は、1990年代の後半から変調をきたし、衰退していった。そのひとつの要因は、分業モデルへと向かう世界の半導体産業の潮流に、日本の主要企業が乗り遅れたことにある。

未来を拓くには、現実を乗り越えなければならない

このように、新しいビジネスモデルを見いだすだけでも駄目なのは、当事者の眼前にある事実は、ほぼ間違いなく、その時点の産業の支配的モデルを支持しているからである。とはいえ、新しいビジネスモデルが産業を席巻するようになってから、旧いビジネスモデルを捨てても、ビジネスとしては手遅れである。

未来を拓くには、現実を乗り越えなければならない。これは日本の電子産業だけに起きた問題ではない。スティーブ・ジョブズ氏は、アップルを離れていた1980年代の後半に、NeXTコンピュータをディズニーに売り込もうとしていた。映画制作の新しいビジネスモデルを見すえてジョブズ氏は、ディズニーへの営業の席で、コンピュータさえあれば、アニメーション制作が普通の人にもできるようになると語った。ある役員が発言を求めて手を挙げ、プレゼンテーションは突如中断された（Simon & Young（2005）訳230頁）。凄みのある声だった。

「アニメーションは私のものだ。だれにも渡さない。まるで娘にデートを申し込まれたような気分だ」

未来のビジネスモデルを語ることには、危うさがともなう。「未来――ビジネスモデル――現実」の3角関係のなかでは、「未来――ビジネスモデル」に傾斜すれば、現実が否定される。

だが逆に、「ビジネスモデル――現実」に傾斜すれば、未来への展望を欠くことが問題となる。しかし、「未来――現実」を並び立たせる「ビジネスモデル」はあり得ない。もし、そのようなビジネスモデルが出現するとすれば、それは歴史の終焉（未来が現在や過去とまったく変わらない世界）である[1]。

ビジョンで抜け出す

旧いビジネスモデルにしがみついても、事業の未来は拓けない。しかし新しいビジネスモデルを構想するだけでは限界がある。事業の未来への方向付けのすべてを、ビジネスモデルというものにゆだねているかぎり、このジレンマから抜け出す道は見えてこない。

事業にビジョンというものが必要となる理由は、ここにある。

ビジョンとは、事業の関係者の求心力となる理想を語った表現である（Baum, Locke & Kirkpatrick（1998））。そこでは、事業の長期的な展開を通じて、どのような社会問題が解決されたり、多くの人が共有できる夢が実現したりするかが語られる。ここでのポイントは、ビ

■注

1　事実とは現在と過去に帰属するものであり、未来において起こるとされている事実は、すべて現在あるいは過去からの予測である。いかに事実に根ざした検証が大事だといっても、ビジネスモデルを提案する現在において、事実を未来から入手することは不可能である。

ジョンは単なる未来の理想ではなく、あわせて現在の事業の関係者が夢として共有できる物語（フィクション）だということである。

ビジョンによって事業の未来を方向付けることは、その関係者たちを先のジレンマから解放する。たとえば、先のジョブズ氏のエピソードの後日談を述べれば、その後のアメリカの映画産業では、コンピュータ・グラフィックスの技術開発が――当初は乗り気とはいえなかったディズニーをも巻き込みながら――急速に進んでいった。当時の状況を振り返ると、コンピュータ・グラフィックスへとハリウッド内外の人材や資金が引き寄せられていった大きな理由は、この技術を開発することによって、実写では不可能な特殊効果やカメラアングルが実現できることだった（Simon & Young（2005）訳241-247頁、288-289頁）。すなわち、そこには――ビジョンとして言語化はされていなかったかもしれないが――求心力となる理想の共有があった。技術者、アニメーター、そして資金提供者たちは、「感動する映画を創りだす」という見果てぬ思いを共有していたのである。

ビジョンがはたらきかける行動原理

ビジョンは、予測の立たない事業の未来を拓く上での求心力となる。事業にかかわる人たちが共同で働く理由は、利益や金銭的報酬だけではない。きれいごとに聞こえるかもしれないが、広く社会と問題を共有する一体感、あるいはこうした問題に挑む充実感もまた、事業の関係者の求心力となる（Simon（1991）；Sarasvathy（2008）211頁）。

ビジネスモデルとビジョンは、未来に向けて事業を方向付けるという役割を共有する。だが両者は、人の行動の異なる原理にはたらきかける。ビジネスモデルがはたらきかけるのが実証科学の経済であるなら、ビジョンがはたらきかけるのはエフェクチュエーションの経済だといえる（Sarasvathy（2008）190-200頁）。

ビジョンを提示することによって、事業にかかわる人たちが「こちらに行ったほうが、正しそうだ」と思う。その理由は、金銭的利点、あるいは予測の正確さではない。ビジョンが未来の製品やサービスの姿、あるいは企業のあり方として描き出すのは、儲かるか儲からないかもわからないし、実現できるかできないかもわからない理想である。そのなかで「だが、いずれの結果となろうとも、その実現に向けた行動を起こしたい」という思いを事業の関係者から引き出す。これがビジョンの役割である。

誤解を恐れずにいえば、ビジョンは絵空事だから役に立つ。ビジョンを絵空事だというのは、客観的な検証の対象になりにくいということである。ただし、この絵空事は、関係者たちが、状況が変わっても守り抜こうと、心から思えるものでなければならない（Collins & Porras（1994）訳375-376頁）。事業にかかわる人たちを、このビジョンという、利益や金銭的報酬、あるいは予測とは異なるところにあるストーリーの共有へと導くことで、企業は、事業における「未来――ビジネスモデル――現実」の相克によって生じていたジレンマから抜け出すことができる。

3 ビジョンを生かすマネジメント

7つの企業に見る、ビジョンで拓く事業の未来

本書では、ビジョンを大切にしながら事業の未来を拓いてきた、7つの企業を取り上げる。本書のねらいは、なぜこれらの企業にはビジョンというものが必要だったかを、事例を踏まえて考えるとともに、このビジョンという一筋縄ではいかない存在をいかにマネジメントすればよいかを探ることである。

以下では、1つひとつのケースの森に入り込む前の準備作業として、7つのケースを概観し、そこから見えてくるビジョンの役割と、そのマネジメント上のポイントを確認していく。

なぜビジョンが必要か

事業とは、人が営む行為である。だからビジョンが必要となる。

本章の第2節で見たように、ビジネスモデルを成功へと導くには、多くの人たちが、時間をかけて、揺らぐことなく活動を続けていかなければならない。だが、人がかかわる活動を未来に向けて積み重ねていくには、ビジネスモデルだけでは、未来と現実の板挟みに陥る。人の心をつかみ、事業の未来を拓くには、さらにビジョンが必要である。

たとえば、本書の7つの企業を見ていくとわかるように、エーザイでは、新しいビジネスモデルの導入が2013年からはじまっている。医療機関を対象としていた営業活動を、直接に患者やその家族に焦点を合わせた活動へと転換しようというのである。この、すぐには結果が出ないかもしれない転換を支えているのが、「患者様と生活者の皆様の喜怒哀楽を考え、そのベネフィットの向上を第一義とする」という、同社が長年にわたって守り抜いてきたヒューマン・ヘルスケアのビジョンである。

サントリーにおいても同様に、1960年代のビール事業への新たな進出にあたっては、確実な利益の見通しがあったわけではない。この挑戦を支えていたのは、同社のチャレンジ精神「やってみなはれ」のビジョンである。あるいはコマツでは近年、世界の各国・地域で、現地の人に経営を任せる新しいビジネスモデルへの転換が進められている。だが、それだけでは、グローバル化した組織に混乱や分裂を生み出すだけに終わる恐れがある。そこで同社は、「品質と信頼性の追求」「顧客重視」といった、簡潔で明瞭なビジョンを制定し、価値観の共有を促している。

ビジョンは、新しいビジネスモデルにつきまとう不確実性を補完し、未来に向けた事業の歩みを支える。あわせて確認しておきたいのは、以上のようなビジョンが事業に貢献する領域は、経営の全般に及ぶことである。事業のビジョンは、イノベーションや差別化、人材の獲得や登用、ブランディング、グローバル化、さらには社外のパートナーとの連携を方向付けるリソースとしての役割を果たすことになる（栗木（2013））。

ビジョンの定義と2つの要素

あらためて、ビジョンの一般的な定義を再確認しておこう。ビジョンとは、「事業の関係者の求心力となる理想を語った表現」である（Baum, Locke & Kirkpatrick（1998））。そして、その内容には2つの主要な要素がある。

(1) 未来に向けて提供していこうとしている製品やサービス、あるいはそこから生み出される新しい社会のイメージ

(2) 未来に向けて守り抜こうとする組織のあり方

企業が、その事業を通じて実現しようとする理想には、市場／組織の二分法を適用すれば、市場において実現するものと、組織のなかで追求するものとがある（Hay & Williamson（1997））。前者は、未来に向けて提供していこうとしている製品やサービス、あるいはそこから生み出される新しい社会のイメージであり、事業の社会的存在意義に通じる。後者は、未来に向けて守り抜こうとする組織のあり方であり、事業を営む上で企業とその構成員が自らを律する行動原則となる。

同様の区分は広く用いられており、J・コリンズとJ・I・ポラスは、この二分法とよく似た、目的／基本的価値観という区分[2]を、ビジョナリーカンパニーの基本理念に適用している（Collins & Porras（1994）訳、118-128頁）。P・コトラーとH・カルタジャヤとI・セティアワンも、ビジョン／価値という区分を用いている[3]（Kotler, Kartajaya & Setiawan（2010）

■注

2　この書籍より以前の論文でコリンズとポラスがビジョンの分類に用いた、揺るぎないイメージ／指導原理も、類似の区分といえる（Collins & Porras（1991））。

3　この文脈でコトラーたちは、あわせてミッションという概念もあげている。だがこれは、過去の創業時に根ざす、変えることのできない理念であって、事業の望ましい未来を描き出したものではない。そのため本書では、コトラーたちのいうミッションには言及していない。

図表1-2　7つの企業のビジョン

未来に向けて提供していこうとしている製品・サービス、そこから生み出される新しい社会のイメージ	未来に向けて守り抜こうとする組織のあり方
患者様と生活者の皆様の喜怒哀楽を考え、そのベネフィット向上を第一義とし、世界のヘルスケアの多様なニーズを充足する（エーザイ）	一人ひとりが法令と倫理を遵守したビジネス活動を徹底し、いかなる医療システム下においても存在意義のあるヒューマン・ヘルスケア企業とする（エーザイ）
「良品」には、あらかじめ用意された正解はない。しかし、自ら問いかければ、無限の可能性が見えてくる（良品計画）	良品価値の探求、成長の良循環、最良のパートナー（良品計画）
自然と。無名で。シンプルに。地球大。（良品計画）	良品計画で働く仲間の永続的な幸せを第一の目標とする。そのために、社員、スタッフ全員が高い目標にチャレンジし、達成したときの充実感を持てる風土をつくることで、無印良品の思想を具体化し、世界レベルの高収益企業となることを目指す（良品計画）
美意識と良心感を根底に据えつつ、日常の意識や、人間本来の皮膚感覚から世界を見つめ直すという視点で、モノの本質を研究していく（良品計画）	
人と自然と響きあう（サントリー）	Growing for Good（サントリー）
自然との共生（サントリー）	チャレンジ精神「やってみなはれ」（サントリー）
	社会との共生「利益三分主義」（サントリー）
スマーター・プラネット（IBM）	お客様の成功に最善を尽くす（IBM）
イノベーション（IBM）	私たち、そして世界に価値あるイノベーション（IBM）
オン·デマンド（IBM）	あらゆる関係における信頼と一人一人の責任（IBM）
	品質と信頼性の追求（コマツ）
	顧客重視（コマツ）
	源流管理（コマツ）
	現場主義（コマツ）
	方針展開（コマツ）
	ビジネスパートナーとの連携（コマツ）
	人材育成・活力（コマツ）
感じる、考える、制御する、人と地球の明日のために（オムロン）	企業は社会の公器である（オムロン）
SINIC（Seed-innnovation to Nee d-impetus Cyclic evolution）理論（オムロン）	われわれの働きで、われわれの生活を向上し、よりよい社会を作りましょう（オムロン）
感じる、考える、制御する、人と地球の明日のために（オムロン）	
アジアシフト（イオン）	事業の繁栄を通じて平和を追求し、人間と人間のつながりを尊重し、地域の暮らしに根ざし地域社会に貢献する（イオン）
大都市シフト（イオン）	大黒柱に車をつけよ（イオン）
シニアシフト（イオン）	上げに儲けるな、下げに儲けよ（イオン）
デジタルシフト（イオン	

訳、72-73頁）。

この区分のもとで、７つの企業のビジョンをまとめると前頁の図表１-２のとおりである[4]。

何を語るか、いかに語るか

人間の個性は、一人ひとり異なる。同じようにビジョンの表現や内容も、企業ごとに異なる（図表１-２）。そこには単純な優劣はない（Collins & Porras（1994）訳、111頁；栗木（２０１３））。

だが一方で、人間には人間としての共通点がある。そして同じく、ビジョンにもビジョンとしての共通点がある。事業におけるビジョンというものの共通の課題は、関係者を、未来をつくる今日の行動へと不断に促すことである。だからビジョンは、単なる未来の予測であってはならないし、刹那的な価値観や一時しのぎであってもならない。

では、ビジョンというものの共通点は、何を、いかに語ることなのだろうか。７つの企業の

■注

4　図表１-２にあげた文言を各企業がどのような範疇に位置づけているかについては、「ビジョン」の他に、「企業理念」「めざす企業像」「理想」「目標」「バリュー」「価値観」「ウェイ」「行動基準」など、さまざまである（同じような指摘がCollins & Porras（1991）Kantabutra（2009）にもある）。当然ながらこれらの背景には、各企業のさまざまな事情やねらいや思いがある。本書がそれらを一括してビジョンととらえるのは、そこに「事業を通じてどのような社会問題を解決したり、多くの人が共有できる夢を実現したりしようとしているかを、企業として未来に向けて表明したもの」という共通点があるからである。

ビジョンに共通する基本構成を見ていこう。

まずは、前項で述べたビジョンの2つの要素の双方に目配りをすることが、多くの企業に共通する課題となりそうである。図表1-2を見ても、7つの企業の多くが、社会における自社の事業の未来志向の存在意義と、共同体としての社内の未来志向の価値観の双方にわたってビジョンを表明している。

次に、ビジョンの具体的な表現や内容については、「簡潔」「明瞭」「抽象性」「挑戦的」「未来志向」「安定感」「魅力」の7つの属性が重要となることが知られている（Baum, Locke & Kirkpatrick（1998）; Kantabutra（2008）（2009））。たとえば、サントリーの「水と生きる」というビジョンは、簡潔であるだけではなく、明瞭であり、抽象性があり、挑戦的であり、未来志向であり、安定感があり、そして魅力的である。オムロンの「感じる、考える、制御する、人と地球の明日のために」というビジョンや、イオンの「4つのシフト：アジアシフト、大都市シフト、シニアシフト、デジタルシフト」についても同じことがいえる。7つの企業の他のビジョンも、多くがこの7つの属性を備えている。

さらにもうひとつ、ビジョンが備えるべき属性を本書が付け加えるとすれば、図表1-2のビジョンには、「終わりのない目的」が多いことである。これは7つの企業が、ビジョンを長期にわたる事業の揺るぎない道しるべとしようとしているからだと考えられる（Collins &

図表１－３　ビジョンの基本構成

２つの要素への目配り × **８つの属性を備える**

２つの要素への目配り

① 未来に向けて提供していこうとしている製品やサービス、あるいはそこから生み出される新しい社会のイメージ
② 未来に向けて守り抜こうとする組織のあり方

８つの属性を備える

① 簡潔
② 明瞭
③ 抽象性
④ 挑戦的
⑤ 未来志向
⑥ 安定感
⑦ 魅力
⑧ 終わりのない目的

Porras（1994）訳126頁）。たとえば良品計画は、そのビジョンにおいて、「『良品』には、あらかじめ用意された正解はない。しかし、自ら問いかければ、無限の可能性が見えてくる」と述べている。あるいは、ＩＢＭの「私たち、そして世界に価値あるイノベーション」や、イオンの「大黒柱に車をつけよ」といったビジョンが、ゴールへと到達し、終わりを迎えることは考えにくい。そして、これらのビジョンにおいては、数値目標などの具体的な達成基準はあげられていない場合が多い。これも、終わりのない目的であろうとしているのであれば、当然の話である。

以上のビジョンの基本構成を図表1－3にまとめておく。

どのようなときに見直されるのか

未来に向けて、過去を引き継ぐべきか、断ち切るべき

か。事業をめぐるこの問いを、ビジョンもまた避けることができない。ビジョンは、ひんぱんに変えるものではない。しかし、企業は永遠にビジョンを変更しないわけではない。では、ビジョンの見直しや再定義は、いったいいつ行われるのだろうか。

7つの企業を見ると、エーザイは1990年代に、「研究開発ベースの多国籍企業」という新たな経営のステージへと歩みを進めるなかで、新たな企業理念を発表している。良品計画は2000年代に、商品力の低下を克服する仕組みを確立した後に、社員の実際の行動につながる指針を求めて、ビジョンの追加を行っている。サントリーは2010年代に、M&Aなどによる事業のグローバル化を進めるなかで、新たに加わる社員にとってのわかりやすさを考慮して、ビジョンの体系化を行っている。IBMは2000年代に、経営危機を脱した後の同社の課題が、社員の行動変革の持続化であることを見据えて、ビジョンの再定義に乗り出している。コマツは2000年代に、構造改革の目処をつけた後に、社員一人ひとりが自分の仕事を常にレベルアップしていって欲しいとのメッセージを込めてコマツウェイを定めている。オムロンは1960年代に、オートメーション機器から情報システムへと事業の多角化を進めるなかで、その後の長期経営ビジョンのベースとなるSINIC理論の開発をはじめている。イオンでは2010年代に、国内市場の成長鈍化を受けて、4つのシフトを打ち出している。

ビジョンの見直しや再定義の時期に、7つの企業が直面していた経営課題は、意識改革や商品開発力強化、イノベーションや変革、あるいはグローバル化や多角化とさまざまである。だが、これらの課題には共通点がある。それは、これらの課題はすべて、不確実性を事業に呼び込むことを企業に迫るものだということである。そしてそこから見えてくるのは、7つの企業がビジョンの見直しや再定義にあたって必要としていたのは、事業の未来を拓く上での不確実性を前向きに乗り切るための方策だったということである。

トップダウンか、ボトムアップか

ビジョンは企業のトップマターである。ビジョンの導入、あるいはその見直しや再定義が、トップマネジメントの関与を抜きに進められることは考えにくい（Hay & Williamson（1997））。だが、ビジョンの制定や見直しや再定義のための実際の作業や議論は、ボトムアップで進むことが少なくない。

ＩＢＭの２０００年代のビジョンの再定義は、当時のトップのパルミサーノ氏が主導してはじまった。とはいえ、この、創業者のワトソン氏の3つの基本信条に代わる新たなビジョンづくりには、ＪＡＭという同社のイントラネットを用いたオンライン会議の仕組みが活用されていた。全世界のＩＢＭ社員の1割弱が参加したという、3日間にわたるオンラインでのディスカッションから「IBMers Value」は生まれた。

あるいは、サントリーのビジョンの体系化についても、その提案や実作業の中心を担ったのはCSR推進部のメンバーである。コマツウェイについても、「全社共通編」については、社内のプロジェクトチームが、社員へのヒアリングを重ねてつくりあげている。

ビジョンの導入や見直しや再定義のねらいは、何らかの理想の共有を進めることによって、事業にかかわるより多くの人たちが、自律的に的確な判断を下せるようにすることである。そのためにもビジョンは、事業にかかわる一人ひとりが共感をもって実践できるものでなければならない。ボトムアップ型のビジョンづくりは、ビジョンというものが、こうした社内外のコミュニケーションのなかで機能することを踏まえた、マネジメントの知恵だといえそうである。

存亡の危機にビジョンは必要か

7つの企業のなかには、近年になって事業が行き詰まり、存亡の危機ともいえる事態に直面した企業が3社ある。良品計画とIBMとコマツである。

興味深いことに、この3社が再びビジョンと向かい合い、その再定義に取り組んだのは、構造改革によって事業が再び軌道に乗った後のことである。3社の構造改革の渦中では、ビジョンはいったん棚上げにされている。

一口に不確実性といっても、事業が軌道に乗っている企業が、予測のつかない未来に挑もうとしている場面と、存亡の危機にある企業が、未来を見通せないという場合とでは、ビジョンの役割は異なるようだ。倒産の危機を突きつけられれば、ビジョンを持ち出さなくても、自然と組織には求心力が生まれる。また、こうした危機のなかでの企業の課題は、未来を拓くことではなく、今日を生き延びることである。このような局面では、事業の関係者たちがビジョンを顧みる必要性は低く、次の利益や金銭的報酬の道筋、すなわちビジネスモデルだけを考えていればよい。生存が優先課題となるような局面では、事業におけるビジョンの必要性は低いのである。

とはいえ、危機が去れば、経営の課題は変わることも押さえておくべきだろう。良品計画とＩＢＭとコマツは共通して、その事業が再び軌道に乗ると、ビジョンの追加や再定義に乗り出している。これは、Ｊ・コリンズとＪ・Ｉ・ポラスが、多くの場合、企業のビジョンは創業時から定められているわけではなく、事業が軌道に乗ってから定められることが多いと述べていることとも通底する（Collins & Porras（1994）訳、129頁）。ビジョンを定めることの重要性は、事業が存亡の危機を脱出した後の局面において高まるのである。

なお、事業が軌道に乗った後のビジョンのマネジメントについては、２つのスタイルがあるようだ。ＩＢＭとオムロンとイオンの3社は、長期ビジョンを定期的に改訂し、日々の経営計画に落とし込んでいくシステムを確立している。一方、エーザイと良品計画とサントリーとコマツの4社には、このようなシステム化は見られない。

4 まとめ

広く知られているように、優れたビジョンには、顧客や社員の心を揺さぶるという効果がある（Kotler, Kartajaya & Setiawan（2010）訳167頁）。成長志向で、社員の気持ちを高めるビジョンが、創業期の企業の拡大を促すのは、このタイプのビジョンが社内での未来にかかわる会話を活性化するからである（Baum, Locke & Kirkpatrick（1998））。あるいは、長く繁栄している卓越した企業は、しっかりとしたビジョンをもっており、利益を得ることを最大の目標とはしていないことが多い（Collins & Porras（1994）訳3-4頁、12頁、89-90頁）。さらに、ビジョンを現場の実践に結びつけるには、部門の年次計画や社員個人の目標へと、ビジョンを落とし込んでいくことを忘れてはならない（Hay & Williamson（1997））。

以上のよく知られた命題は、われわれにビジョンの意義や用い方を教えてくれる。だがこれらは、予測のつかない未来に挑もうとするときに、なぜ企業は、ビジネスモデル（いかに利益や金銭的報酬を実現するか）ではなく、ビジョン（どのような理想をめざすか）によって事業を方向付ける必要があるのかを説明するものではない。この問題に応える鍵となるのが、本章で取り上げた、未来を拓こうとするときにビジネスモデルが直面するジレンマである。このジレンマがあるために、事業の未来を拓くには、ビジネスモデルに加えてビジョンが必要となる。とはいえ、ビジョンもまた、経営のひとつの道具であり、ビジョンがあれば、予測のつかない未来の問題が完全に克服されるわけではない。だからこそ、ビジョンを事業に生かすためには、その役割を理解した上で、誰が、何を、いつ、どのようにビジョンとして語るべきかを見定めておく必要がある。そのためのポイントを本章の後半では確認した。

■引用文献

石井淳蔵（２００９）「わが国小売流通世界におけるパラダイム変化」、石井淳蔵、向山雅夫編『小売の業態革新』中央経済社、1-31頁

石井淳蔵（２０１２）『マーケティング思考の可能性』岩波書店

井上達彦（２０１２）『模倣の経営学――偉大なる会社はマネから生まれる』日経ＢＰ社

加護野忠男（１９９８）『組織認識論――企業における創造と革新の研究』千倉書房

栗木契（２０１２）『マーケティング・コンセプトを問い直す――状況の思考による顧客志向』有斐閣

栗木契（２０１３）「エピローグ」、栗木契、岩田弘三、矢崎和彦編『ビジョナリー・マーケティング――Think Differentな会社たち』碩学舎、433-451頁

西村吉雄（２０１４）『電子立国は、なぜ凋落したか』日経ＢＰ社

延岡健太郎、伊藤宗彦、森田弘一（２００６）「コモディティ化による価値獲得の失敗――デジタル家電の事例」、榊原清則、香山晋編『イノベーションと競争優位――コモディティ化するデジタル機器』ＮＴＴ出版、14-48頁

原田勉（２０１４）『イノベーション戦略の論理：確率の経営とは何か』中公新書

向山雅夫（２００９）「総合量販店の革新性とその変容」、石井淳蔵、向山雅夫編『小売の業態革新』中央経済社、１-31頁

Baum, J. Robert, Edwin A. Locke and Shelly A. Kirkpatrick（1998）"A Longitudinal Study of the Relation of Vision and Vision Communication to Venture Growth in Entrepreneurial Firms," *Journal of Applied Psychology*, Vol. 83, No. 1, pp.43-54

Collins, Jim and Jerry I. Porras（1991）"Organizational Vision and Visionary Organizations," *California Management Review*, Fall, pp.30-52

Collins, Jim and Jerry I. Porras（1994）*Built to Last: Successful habits of visionary companies*, HarperCollins Publishers Inc.（山中洋一訳『ビジョナリーカンパニー――時代を超える生存の原則』日経ＢＰ出版センター、１９９５）

Hay, Michael and Peter Williamson（1997）"Good Strategy: the View from Below," *Long Range Planning*, Vol. 30, No. 5, pp.651-664

Kantabutra, Sooksan（2008）"Vision Effects in Thai Retail Stores: Practical implications," *International Journal of Retail & Distribution Management*, Vol. 36, No. 4, pp. 323-342

Kantabutra, Sooksan（2009）"Toward a Behavioral Theory of Vision in Organizational Settings," *Leadership & Organization Development Journal*, Vol. 30, No. 4, pp.319-337

Kotler, Philip, Hermawan Kartajaya and Iwan Setiawan（2010）*Marketing 3.0: From products to customers to the human spirit*, Wiley（恩蔵直人監訳、藤井清美訳『コトラーのマーケティング３・０——ソーシャルメディア時代の新法則』朝日新聞出版、２０１０）

Sarasvathy, Saras D.（2008）*Effectuation: Elements of entrepreneurial expertise*, Edward Elgar

Simon, Herbert A.（1991）"Organizations and Markets," *Journal of Economic Perspectives*, Vol. 5, No. 2, pp.25-44

Simon, William L. and Jeffrey S. Young（2005）*ICON Steve Jobs: the Greatest second act in the history of business*, Wiley（井口耕二『スティーブ・ジョブズ』東洋経済新報社、２００５）

第２章

エーザイ

顧客と喜怒哀楽を共にする

1　エーザイのビジョンの特徴

本章では、エーザイのビジョンの特徴と、そのビジョンが生まれる経緯、そしてそれが生み出すいくつかの経営上の重要な影響について検討する[1]。まずは簡単に、同社のビジョンについて、アニュアルレポートに書かれている関連する記述、さらには同社社長の内藤晴夫氏によるビジョンに関連する発言を紹介することから話を始めよう。

エーザイの『アニュアルレポート２０１３年』を見ると、同社の〈企業理念〉は、「患者様と生活者の皆様の喜怒哀楽を考え、そのベネフィット向上を第一義とし、世界のヘルスケアの多様なニーズを充足する」となっている。それに続けて、〈めざす企業像〉が述べられる。そこでは、「一人ひとりが法令と倫理を遵守したビジネス活動を徹底し、いかなる医療システム下においても存在意義のあるヒューマン・ヘルスケア企業」とするとしている。

これらビジョンの構築に主導的な役割を果たしてきた内藤晴夫氏の考えは、２０１３年のアニュアルレポートの巻頭におけるエーザイのステークホルダーに向けられた挨拶の辞において見ることができる。そこにおいて、氏はまず、現在製薬業界の状況についての理解を述べる。それは次の2点に要約される。

第1に、「先進国における成長鈍化と新興国や開発途上国における成長機会の拡大という大グローバリゼーション時代へと転換している」というグローバルな市場環境についての理解が1つ。第2に、そのために、「より少ない資源でより良い成果を（Performing Better with Less Resource)」という、今後の医薬関連産業において求められる経営のあり方についての理解である。なかでも時間をもっとも希少な資源と考え、短期間に、効率性・生産性を上げていくという経営努力が欠かせないことが強調される。この2つを要約すれば、グローバル時代において医業における生産性をあげることが、エーザイが未来に向けて進むべき道だということになるだろう。

その上で内藤氏は、「イノベーション力の強化」と「医薬品アクセス力の向上」という2つのテーマを取り上げる。どういうことか。まず、イノベーション力の強化について見てみよう。内藤氏は、創薬において「ヒューマンバイオロジーに基づく治療仮説の創造力」と「その治療仮説を化合物創出につなげるためのモダンケミストリー」が重要となると述べる。前者は、ヒトの遺伝子情報をベースにした新しい科学分野である[2]。そして後者、つまり化合物創出力

■注

1　検討に先だって、企業のビジョンと〈ビジョン〉の違いを明らかにしておこう。本章で、とくに〈　〉付で〈ビジョン〉と言った場合、「企業の目的～理念～ビジョン～中長期計画」の一連の構成の全体を指すものとする。

のベースとなるモダンケミストリーの力が、今後の創薬の成否を分けるカギになると考えられている[3]。

目指すところは、遺伝子情報にもとづき、研究開発期間短縮、臨床試験の極小化による創薬実現ということに他ならない。たとえば、がん患者の遺伝子に着目した創薬を取り上げると、薬剤が効果を示す患者を同定して開発することである。そのやり方は、少人数で臨床研究を完遂できるという特徴がある。その結果、研究開発期間は短縮される[4]。そのやり方は、エーザイが目指す「Performing Better with Less Resource」の理想に近づくことでもある[5]。

イノベーション力に加えて内藤氏が掲げるもうひとつのテーマは、「医薬品アクセス力の向上」だ。貧困地域に蔓延する「顧みられない熱帯病（Neglected Tropical Diseases：NTDs）」は、医薬品のアクセス力の欠如を示す端的な事例のひとつだ。貧困地域に蔓延する熱帯病の治療に必要な医薬品が、貧困や医療システムの不整備などから、必要とされる患者に届かない。この医薬品アクセス問題の改善は、人ごとではなく、まさに自分たちエーザイに課せられた課題だというのである。

■他社のビジョンは？

グローバル化を進めるなかで、イノベーションの強化と医薬品アクセスの向上をはかる。これが、エーザイの２０１４年現在の課題である。では、他社は、どうだろうか[6]。エーザイとともに、わが国の製薬業界を代表する武田製薬と第一三共製薬のビジョンと課題を見てみよう。

武田薬品は、わが国の製薬業界トップの座に君臨する。同社は、「ミッション（あるいは目的）～行動基準～ビジョン～中長期戦略」という階層的な構成に従いそのビジョンを表明する。

同社の〈ミッション〉は、「優れた医薬品の創出を通じて人々の健康と医療の未来に貢献する」ことである。〈行動基準〉をことさら強調するのは、他の2社と比べてユニークかもしれ

■注

2　新しい分野で、使い慣れた日本語にはなっていない。その題名がついた本は、「人体と生命」と翻訳されている。筑波大学が学位プログラムをもっているが、そこでは、「ヒトを他の生物と相対化して生物の一種であると考え、宇宙の中の地球に住み、生物学的進化の時間軸の中で生まれた種として把握し、その生命の恒常性維持と継承のメカニズムを、変遷する時の中で捉えようという学問」と定義されている。

3　メディシナル化学とプロセス化学に加え、多様な化合物ライブラリーを有していることが重要と指摘する。

4　世界最大のバイオクラスターの一つである米国ケンブリッジに位置するH3 Biomedicines Inc. を優れた実践例と内藤社長は、「Annual Report 2013」のなかで指摘する。

5　エーザイではすでに、バイオマーカーが同定されていない新規プロジェクトに着手せず、ターゲット特異的な「フォーカスメディシン」を推進するという方針を打ち出している（薬事日報２０１１年3月4日）。

6　なお、ここで「ビジョン」と呼んでいるのは、〈　〉付のビジョンとは区別される。〈ビジョン〉は、各社が用いているところのビジョンを指すために用いる。

ない。「タケダイズム」が標榜される。

タケダイズムは、これからも継承していくべき変わることのない コアバリューです。私たちタケダグループの従業員は、いかなる 場面においても、つねに誠実であることを旨とします。誠実とは、何事にも高い倫理観をもって、公正、正直に取り組む基本姿勢と、より良き姿を追求し続ける不屈の精神をいいます。タケダイズムをコアにして、日々の業務において次の行動に努めます。

（武田薬品工業Annual Report 2013）

「誠実・公正・正直」は、古い歴史をもつ武田薬品が綿々と受け継いできた姿勢であり、それが同社の事業活動のバックボーンとなっていることが伺える。さらに、具体的な方策として〈2020年ビジョン〉が述べられる。

病気に苦しむ患者さんに、人生のかけがえのない時間を少しでも取り戻していただきたい。創業から230年以上にわたり、タケダはその想いのもと、革新的な新薬の創出を通じて社会に貢献してきました。そしてこれからも、世界のより多くの人々がそれぞれの人生を豊かに過ごせるよう予防から治療・治癒にわたる医療の多様なニーズに応える新しい解決方法を提供していくことが私たちタケダの使命です。

世界の国々や地域に根を下ろし、それぞれ異なる真の医療ニーズを理解する。つねに社会に奉仕する気持ちを忘れず、緊迫感とスピード感を持ち、どこよりも高い効率性を発揮して業界をリードする最適な答えを提供するダイバーシティが活きる組織の力を「Global One Takeda」として結集させ、医療の未来を変革する努力を、私たちタケダは続けていきます。医療に対する飽くなき情熱と人々の生命に貢献するという揺るぎない信念を持ち、世界中の人々がより健康で明るく過ごせる新たな230年を切り拓いていきます。

（武田薬品工業Annual Report 2013）

さらに、中期戦略として、「Globalization」（グローバル化）、「Diversity」（ダイバーシティ）、「Innovation」（イノベーション）の3つのテーマを掲げる。グローバル化については、新興国、日本、米国、欧州とそれぞれの市場特性に合わせた戦略が説かれるが、他社と異なるとくに際立った特徴があるようには見えない[7]。

■注

7　エーザイとの対照で、新興国市場についてのみ取り上げておく。次のような戦略が述べられる。「ロシア・ブラジル・中国を中心に、ブランドジェネリック医薬品やOTC医薬品など、既存品の売上を最大化するとともに、市場ニーズに合致した多様な新製品の上市および市場浸透を着実に進め、投資効率を追求した販売戦略を実行することで、市場の伸びを上回る成長と収益の改善を実現します」というもので、とくに武田薬品でなくても、あるいは新興国以外の別の市場でも、通じるような言明だ。

中期戦略のイノベーションについては、次の3つのテーマを掲げる。その第1は重点領域における競争力のあるパイプラインの構築[8]。第2は研究開発生産性の向上[9]。第3は効率的なオペレーティングモデルへの転換[10]、がそれだ。

もうひとつの大手医薬品メーカー、第一三共製薬は、「目的～理念～ビジョン～中長期計画」という構成で、自社のビジョンを述べる。

第一三共製薬の〈目的〉は、「革新的医薬品を継続的に創出し、多様な医療ニーズに応える医薬品を提供することで、世界中の人々の健康で豊かな生活に貢献」するところにある。同社の理念は、次の通りだ。

医療技術の進歩や人類が生み出してきた医薬品は、多くの人々の命を救い、健康的な生活に貢献しています。しかし、未だに治療満足度が不十分であったり、治療法の確立されていない多くの疾病が存在し、これら疾病に対する治療、予防、さらには一人ひとりの特性に応じた治療が求められています。

医療の一翼を担う製薬企業は、社会からこれらの課題を解決することを期待され、私たちはそれに応えることを使命としています。

第一三共の企業理念は、革新的医薬品を継続的に創出し、多様な医療ニーズに応える医薬品を提供することで、世界中の人々の健康で豊かな生活に貢献することです。

企業理念、すなわち私たちの存在意義を果たすため、第一三共グループは、高い使命感を持ち、惜しみない努力を傾注して、社会の期待に応えます[11]。

この理念に続いて〈ビジョン〉が述べられる。

■注

8　ここで、パイプラインとは、新薬誕生に結びつく開発中の医療用医薬品候補化合物（新薬候補）を指す。武田は、代謝性・循環器系疾患」「癌」「中枢神経系疾患」「免疫・呼吸器系疾患」「消化器・腎臓系・その他疾患」「ワクチン」の6つの重点領域において、引き続き、医療ニーズが未だ十分に満たされない疾患領域の新薬およびワクチンの研究開発を推進するとともに、領域を跨る新たな価値を創造し、競争力のあるパイプラインを構築します、と述べる。

9　後期開発パイプラインの確実な承認取得を実現するとともに、上市後の臨床試験実施による各製品の価値最大化に取り組む。さらに、有望なパイプラインの臨床開発期間の短縮、既存化合物の応用機会の追求、有望な化合物の獲得を進めることによる開発パイプラインの拡充。また、湘南研究所におけるDDU（Drug Discovery Unit）体制の強化、新薬候補化合物の研究プロセスの改善、エンボイ社やアドビナス社の専門性の活用を通じて、引き続き、創薬研究の生産性向上を目指すことが述べられる（http://www.takeda.co.jp/company/）。

10　この点については、次のように述べている。グローバルでブランドマーケティングを推進するとともに、グローバルからローカルまで販売活動を効率化することでマーケティングオペレーションの最適化を図る。また、旧ナイコメッド社のインフラ・機能を有効に活用し、製造ネットワークの最適化とグローバルでの原材料調達を進め、生産関連のオペレーションを効率化する。さらに、財務・ＩＴ・人事などの一般管理機能および管理プロセスをグローバルで標準化することで効率的なオペレーションを推進する。

11　http://www.daiichisankyo.co.jp/。

第一三共グループは、世界の多様な医療ニーズに応え、持続的成長力を備えたGlobal Pharma Innovatorの実現を目指して、『事業エリアの拡大』（Global）、『アンメットメディカル（未充足医療）ニーズ』（Pharma）、『新たなビジネスモデル構築』（Innovator）への挑戦を続けています。

そして、そのあと具体的な中期経営計画が述べられる。第3期中期経営計画は、次の通りだ。

第一三共株式会社は、『先進科学により新たな治療法を生み出すことのできるイノベーティブ事業』、『優れた技術力により安価で良質な製品を提供できるジェネリック事業』、『世界各地に製品を届けることのできるグローバルリーチ』を活かし、今後数十年にわたり健康・医療という課題に対して、グローバルに有効なSolutionを提供できる世界屈指の会社、かつ世界に向け誇りに思える会社となることを目指しています。この実現に向けて、2013年3月に、第3期中期経営計画（2013年～2017年）を策定し発表しました。

ビジョン（目的～理念～〈ビジョン〉～計画）の構成に微妙な違いはあるにしても、3社がともに、長期にわたって事業を方向づけるビジョンを企業の戦略づくりにおける導きの糸としている点は変わらない。また、長期（ないしは中期）計画において取り組むべき課題とするのは、創薬におけるイノベーションとグローバル市場における顧客へのアクセスだという点も似ている。

3社を比べてはっきり違っているのは、エーザイがそのビジョンにおいて、「顧客のために」ということを何より優先している姿である。とくに、「患者様と喜怒哀楽を共にすること」を、もっとも重要な課題として置いていることである。

つまり、エーザイにおいては、これからの取り組みというところに現れる状況認識や課題の方向は似ていても、ビジョンの性格だけは他社とは違っている。その違いは、他社と、状況認識や戦略方向性は似ているとしても、一味違う戦略や組織づくりに結実することになることが予想される[12]。本章の関心もそこにある。つまり、ビジョンの違いが戦略や組織づくりにおいて、どのような違いを生み出すのか、である。

本章では、「患者様と喜怒哀楽を共にする」というエーザイのビジョンが同社の戦略や組織づくりにおいてどのような影響を及ぼしているのかを探っていきたい。

以下では、そうした〈ビジョン〉が、どのような経緯で誕生し、そして同社の組織風土や基

■注

12　たとえば、新興国への取組ひとつ取り上げても、それぞれの方策には違いがみられる。インド市場で、第一三共は、企業買収で参入を狙った。他方、エーザイは、以下でも述べるように単独で進出を計った。

本姿勢や戦略や組織を生み出しているのかをみていくことにしよう。次項では、エーザイの長期ビジョンの簡単な歴史をたどる。3項では、現在のエーザイを導いている〈ビジョン〉が明確なものとなってきた経緯を探る。そして、4項で、その〈ビジョン〉が現在の同社の戦略や組織にどのような影響を与えているのかを探る。

2　エーザイのビジョンの歴史

エーザイは、1942年に日本衛材株式会社として設立された。その後、1955年に、エーザイ株式会社に改名。それを契機として、高度成長の波に乗り成長していく。ここでは、エーザイのアニュアルレポートにある「エーザイの歴史」を参照しながら、とくに同社のビジョンを中心に、その変遷を追っていくことにしよう[13]。

エーザイが、社として長期計画を初めて発表したのは、1956年のことである。その長期計画は「三六計画」と呼ばれた。それは、1960年度までに売上高を3倍にして、月商100万ドルにしようとするというものだった。その計画は、創業者・内藤豊次が、海外視察を経た経験から、将来世界の医薬品メーカーと肩を並べるべく、月商100万ドルをめざしたことにちなんで、そう名づけられたという。当時の円ドルの為替レートは1ドル360円だったので、100万ドルは3億6000万円になる。三六計画の名はそれにちなんだ。

三六計画とそれに続く長期計画（三八計画）で、売上高は3年ごとにほぼ倍増の成長を遂げ、国内の医薬品業界の売上高において念願のベスト10入りを果たし、名実ともに中堅医薬品メーカーとしての地位を確立するに至った。この期間、エーザイは、近代的製薬企業としての人材育成、施設の拡充、各部門の組織化など健全な企業体制を整え、東京・大阪の株式市場に上場し、資本公開に踏み切っている。

1960年に長期計画の策定がなされたが、同時に新たな経営憲章である「エーザイ・マネジメント・コード」も発表された。

よい研究からは、よい製品ができる。よい製品によいプロモーションをすれば、よい利益を生み出す。よい利益があがれば、社業は発展し、社員もよい給料で報いられる。よい製品をつぎつぎと考えだし、よい品質を売りものとして、良心的でしかも巧みなプロモーションで普及をはかり、世界の国々の多くの人々の健康福祉に大きく寄与することが、エーザイの創業精神である。

（「エーザイの歩み第3章」（エーザイHP所収）

■注

13 「エーザイの歩み第3章」（エーザイHP http://www.eisai.co.jp/ 所収）

この憲章は、その後のエーザイのバックボーンとなる。

1962年にはこの創業精神を具体化したシンボルマークも制定された。M（Management経営本部）を中心に、P（Promotion 販売）、Q（Quality 品質・生産）、R（Research 研究）がそれぞれ独立した組織として機能するという、組織のあり方を示した旗印であった。エーザイは、各部門が業界トップレベルをめざす「トップP・Q・R・M」の合い言葉のもと、恒久的な成長に向けた重要な転換期を迎えた。

1966年に、創業社長であった内藤豊次氏に代わり、内藤祐次氏が2代目社長に就任した。内藤祐次社長は、折からの高度成長の波に乗り、全国に販売網を確立し、年商1億ドル（360億円）を目標をたてた。三六計画の目標値から、10倍近い目標値になったわけだ。その目標も、1971年に1年前倒しで達成された。

その頃から海外進出を本格化させていった。1969年には、台湾、タイ、インドネシアの現地法人を設立した。とくに、インドネシアには自社工場を設置し、初めての海外生産を軌道に乗せた。1981年には、米国にも現地法人を設立し販売拠点を設けた。エーザイは、わが国の製薬業界において押しも押されもせぬ大企業となっていった。

■現在に続く道

1980年代後半、日本経済がバブル景気に沸き国際化が合い言葉となる中、エーザイでは、1988年4月に内藤晴夫氏が社長に就任した。これを機にエーザイは、「世界製薬トップ20社入り」をめざし、次なる長期計画、新たなる段階に入っていく。この時点で、エーザイはすでに世界30位の製薬企業となっていた。

内藤新社長は、エーザイがめざす21世紀の企業像を、「研究開発ベースの多国籍製薬企業」と置いた。そして、「海外進出を視野に入れた『新製品開発力』、国内での存在を確固たるものにする『営業力』、業界再編を生き抜く『資金力』での優位をめざすこと」をうたった。そして、21世紀までの15年間を3期に分けたステップ戦略「新5ヵ年戦略計画」を立てた。第Ⅰ期は「国内営業の時代」、第Ⅱ期は「グローバリゼーションの時代」、第Ⅲ期は「飛翔の時代」とし、世界20社入りに向けたステップを踏み出した。

「研究開発ベースの多国籍製薬企業」をめざすエーザイは、国内製薬企業の海外進出戦略が、自社製品を海外製薬企業にライセンスアウトする形態が主流であった当時にあって、源流である研究から生産までを自らの手で行うことにこだわった。「研究開発ベースの多国籍製薬企業」の実現に向けて、欧米にも研究開発拠点、生産拠点、販売拠点を確立することが目標とされた。

その第一歩となったのが、日本とは異なる発想と最先端のアイデアにもとづいた画期的新薬の創製を目的に設立された、2つの海外研究所である。海外研究所第1号となった「ボストン研究所」は1987年に設立され、昭和から平成へと移行した1989（平成元）年10月にはボストン郊外のアンドーバーに新研究棟が完成した。ボストンは、ハーバード大学やマサチューセッツ工科大学など米国を代表する大学や最高クラスの病院を擁する米国最大のバイオテクノロジー研究クラスターであり、この環境のなかで独自の研究を展開することがボストン研究所には期待された。

翌1990年には、英国有数の大学であるロンドン大学の構内に「ロンドン研究所」の設置も決定し、1982年設立していた「筑波研究所」とともに、日・米・欧3極研究体制が確立することになった。

1990年代は、筑波研究所から生まれた新薬が上市を迎えた時期にあたる。その中には、後に主力商品となる、アルツハイマー型認知症治療剤「アリセプト」や、プロトンポンプ阻害剤「パリエット（米国での製品名はアシフェックス）」があった。これらの新薬は、エーザイが将来を見据えて整備してきた、生産供給体制、販売網を通して、海外に展開されていくことになる[14]。

米国では1997年から「アリセプト」を発売した。アリセプト発売当時、アルツハイマー型認知症に対する有効な薬物療法はなく、疾患啓発を進めながら多くの患者様の治療に貢献した。疾患啓発を中心とした活動には、米企業ファイザーとの連携が大きい。両社の連携を強くしたものは「人々の健康に貢献することを使命として、革新的で質の高いヘルスケア製品とサービスをもたらすことに努める」という製薬企業としての共通の理念ないしはビジョンであったという[15]。

「パリエット／アシフェックス」は１９９７年に新発売し、欧米ではヤンセン・ファーマシューティカルズとの共同販促を展開した。「新５ヵ年戦略計画」の最終年度である２００１（平成13）年には、グローバル製品に成長。エーザイは世界の医薬品メーカーのランキング（ＩＭＳ）で、目標の製薬トップ20社入りを果たした。

以上、エーザイの歴史を、ビジョンに添って簡単に振り返った。その特徴を最後に述べておこう。

同社は、製薬業界では比較的若い会社である。その歴史は、大きく３つの時代に分けるとわ

■注

14　インド市場において、第一三共製薬が企業買収により進出した事例とは対照的に、エーザイは独自の工場を設立して進出を図る。対照的な戦略として関心をひいた。エーザイのこうした取り組みは、本文にもあるように同社の基本方針にもとづくものである。

15　その理念（ビジョン）とは、以下に述べることになるが、ｈｈｃにほかならない。ｈｈｃの理念は、海外展開を加速することにつながっている。

かりやすい。

第1期は、創業者と共にあった時期。古い歴史をもった伝統ある医薬品会社が居並ぶなかで、いち早く中堅企業としての位置を確保したいと考えた時代である。その思いを反映して、その〈ビジョン〉も、売上高追求・規模追求・追いつき追い越せ型のビジョンとして性格づけできる。

第2期は、内藤祐次氏が二代目社長に就き、国内市場の開拓と共に、世界への志向が生まれた時期にあたる。企業として、順調に高度成長を謳歌した時代だ。

第3期は、現社長内藤晴夫氏が三代目を継ぎ、医薬品を製造販売する医薬品会社にとどまらず、hhc（ヒューマン・ヘルス・ケア）というより広くより深い理念の下、企業を発展させようとしている時代であり、現在進行形の時代である。この第3期は、それまでとは少し異なり、エーザイ独自の理念を掲げつつ、他に比類のない企業として立って行こうとする時代として特徴づけることができる。

新興企業として、業界の成長についていくしかなかった第1期と第2期から、自らの意思をもって方向を定めることができる第3期へと、エーザイは大きな成長を果たした。その第3期とは、まさに「その会社のビジョンが会社のありようや方向をリードする時代」に他ならない。

本章の関心は、まさにこの第3期におけるビジョンの展開とそれに伴う戦略や組織づくりの展開にある。まず、〈ビジョン〉の成立の経緯からみていくことにしよう。

３　比類のないエーザイ〈ビジョン〉成立の経緯

内藤晴夫氏が社長に就任したのは、先に述べたように１９８７年。同社長は、すでに述べたように外に向けた戦略像を明確にしたが、それと共に、時代や社会の変化、それにともなう人々の意識の変化を鋭く察知し、就任直後から社員の意識改革にも取り組んだ。

１９８９年、ヘルスケアの主役が患者とその家族、生活者であることをはっきり認識し、そのベネフィット向上を通じてビジネスを遂行することに誇りをもちたいという「エーザイ・イノベーション宣言」を発表した。それまでの「顧客は患者というよりも、患者に医薬品を処方する医師相手と考えられていた趨勢に挑戦する宣言である。そのことは十二分に意識されていて、「世の中変ります。あなたは変れますか」というメッセージを通じて社員一人ひとりに対して革新を求めた。

患者第一のこの理念を一言に集約したものが、「ｈｈｃ」である。この「ｈｈｃ」の理念は、現在（２０１４年）においても脈々と受け継がれている。まさに、エーザイのＤＮＡになっていく。

1992年に、そうした経営の思いを〈企業理念〉として制定する。そして、2005年には定款の第2条にこれを掲げる。ふつうの企業であれば、第1条で商号を掲げ、第2条で、「本会社は＊＊＊の事業を営む」ということで、営業する事業群を羅列するところだろうが、同社はあえて企業理念を掲げている。次のとおりである[16]。

エーザイ株式会社　定款

（企業理念）
第2条　本会社は、患者様とそのご家族の喜怒哀楽を第一義に考え、そのベネフィット向上に貢献することを企業理念と定め、この企業理念のもとヒューマン・ヘルスケア（ｈｈｃ）企業をめざす。
② 本会社の使命は、患者様満足の増大であり、その結果として売上、利益がもたらされ、この使命と結果の順序を重要と考える。
③ 本会社は、コンプライアンス（法令と倫理の遵守）を日々の活動の根幹に据え、社会的責任の遂行に努める。

④　本会社の主要なステークホルダーズは、患者様と生活者の皆様、株主の皆様および社員である。本会社は、以下を旨としてステークホルダーズの価値増大をはかるとともに良好な関係の発展・維持に努める。
1. 未だ満たされていない医療ニーズの充足、高品質製品の安定供給、薬剤の安全性と有効性を含む有用性情報の伝達
2. 経営情報の適時開示、企業価値の向上、積極的な株主還元
3. 安定的な雇用の確保、やりがいのある仕事の提供、能力開発機会の充実

エーザイが社会において期待されている役割、さらにはその課題に応えるべく未来に向けて挑戦する姿勢を保つべきことが、この定款においては強調されている。同様の主旨は、内藤晴夫氏によって別のところで、次のように述べられる。

「我々は社会からなにかを成すと、期待されている。革新を、イノベーションを成すと、期待されている。成熟していないかもしれないが、既成の組織・企業にない未知の素質があ

■注
16　定款における（目的）等は、第３条以下において、「本会社は、次の事業を営むことを目的とする」等述べられている。

ると、思われている。全員一人ひとりはこの期待に応えなければならない。生活者（患者様とその家族、弱い立場の人達）のベネフィット向上のために、なにをなすべきかを誰よりも早く着想し、それを試し、実証し、世界に発信させていくことで負託に応えなければならない」と[17]。

さらに内藤晴夫氏は、「企業は顧客満足の維持のために存在していて、それを満たせば結果として売上や利益がついてくる」とさえ述べる（日経ビジネス2012年12月10日号）。このビジョンの実現のために、エーザイの社員一人ひとりが行動を起こして、患者さんの喜怒哀楽を理解して、事業での取り組みに結びつけることを求められているのであり、この行動を同社では「ｈｈｃ活動」と呼んでいる。

ひとつの具体的な取り組み、エーザイの社員は、仕事時間の1％を患者さんとの喜怒哀楽を共にすることを求められている。年間の仕事時間が２５０日とすると、２日から3日ということになる。

社員たちは、その約束を果たすために、病院や医療施設などに向かった。しかし、そう言われてもいったい何をしたらよいか、実際のところよくわかっていたわけではない。施設に行って草むしりをしたり、掃除をしたりする社員もいたという。今から思えば、内藤晴夫氏のいう

「患者様と喜怒哀楽を共にする」ことと、社会貢献や慈善事業を行うこととの区別がついていなかったのである。

ビジョンだけが先行して、いまひとつ実践につながらなかったそのとき、ある転換が起こった。一橋大学名誉教授の野中郁次郎氏との出会いがそれだ。野中氏が説く暗黙知の論理が内藤晴夫氏の心をとらえた。同氏の言葉を引用しよう。

（中略）そのときの話は今でも鮮明に覚えている。長嶋茂雄さんと第2次世界大戦のゼロ戦の撃墜王、坂井三郎さんの話だ。撃墜王の坂井さんに相手の戦闘機の背後にどう回るのかと問うと『操縦桿をぐるっと右に回して足を思いっきり踏ん張るんだ』。普通の人が聞いてもまるで意味をなさない考えだ。長嶋さんのラジオ解説でホームランの打ち方を聞いても、同様に全く理解できない。なぜなのか。『それは形式知ではなくて、暗黙知だからだ』と野中先生は説明してくれた。暗黙知とは言葉や文章で表現することが難しい主観的な知識であり、個人が経験に基づいて暗黙のうちに持つものだ。（中略）先生の指摘は、私にとっては天の啓示に匹敵するコペルニクス的大転換だった[18]。

■注

17　エーザイ『環境・社会報告書２００６』

顧客との喜怒哀楽を通じて得る知は、「その場でしか知りえない、その人でしか知りえない知」にほかならない。暗黙知とは、そういう知である。野中氏は、自身の知識創造理論において、「そうした暗黙の知を組織に持って帰り、組織の知、共同の知とするこのプロセスが大切だ」と説く。その命題は、エーザイにとって、hhc活動における大きい転換を促すものだった。

その一つとして、エーザイは1997年に知創部を設立した。社長直轄の組織で、国内外で活動するhhc活動を司る司令塔となることが期待された。現在の知創部長の高山千弘氏は、知創部を、「hhc理念を世界のエーザイ社員に浸透させ、推進していく組織」と位置づけている。

■hhc活動

このような組織的な支援のもと、エーザイでは、社員が「患者様に寄り添う」活動が定着していった。その様子は、別の機会に触れたので[19]、ここではひとつの組織としての活動と個人としての活動を、同社のアニュアルレポートのなかから、それぞれ紹介して、全貌を類推してもらうことにする。

エーザイでは、患者さんや生活者の皆様の日常生活に触れるため、社員一人ひとりが、患者さんやそのご家族の「生活や集いの場」を訪問する。社員は、医療機関や高齢者施設、知的障がい者施設を訪問し、患者さんや施設利用者に寄り添い、製品や製薬企業への期待を知る。同時に、医療、介護、看護、福祉の第一線で活躍するスタッフの高い志に触れ、自らの使命と責任を再認識する機会としている。

そのなかで、私が印象に残った話をひとつ紹介する[20]。それは、小児がんの子供さんを訪問した研究者の話である。その研究者はその子供さんと話をするなかで、彼がアンパンマンが好きなことを知った。で、日を置かず、その研究者はアンパンマンの扮装をして、彼を励まそうともう一度病院を訪れた。しかし、そのとき、彼はもう病室にはおらず、集中治療室に移されていた。集中治療室には入れないので、窓から彼を見つめた。子供さんの周りの人はそれに気がつかない。しかし、子供さんは、こっちを見てアンパンマンの扮装をした研究者のことに気づいて、こちらを確かに見たという、……。

研究者と子供の患者さんとのあいだの、だれも気がつかないような小さなエピソードだ。し

■注

18　内藤晴夫「経営の巨人の教えを生かす４（野中郁次郎）――社員の価値規準にまで浸透」（日経ビジネス、２０１２・12・10）

19　拙著『寄り添う力――マーケティングをプラグマティズムの視点から』碩学舎、２０１４年。

20　高山千弘氏（エーザイ株式会社 理事・知創部長）による講演、「人間性を通じて企業の存在を問う～知識創造理論を通じた企業理念の実現追求～」より。「ソーシャルビジネス研究会」（２０１３年７月23日開催）。

かし、そうだとしてもその後、研究者の気持ちは大きく変わった。自分の研究成果を待ち望んでいる人がいるということを切実な思いで認識したのだ。それ以降、この研究者は研究所内を移動するとき小走りするようになったという。患者さんに寄り添うことで、寄り添った研究者の意識は大きく変わったのだ。

組織としてのｈｈｃ活動もある。２０１３年のアニュアルレポートには、川島工場の取り組みが紹介されている。

患者様や生活者の皆様と一緒に時を過ごすことは、患者様の切なる想いに触れるとともに新たなアイデアを得る貴重な機会となります。また、医薬品の創製に従事する者としての使命感や責任感の醸成にもつながります。このような貴重な機会を得るため、国内の生産工場では、患者様とそのご家族の方々を継続的にお招きし、工場見学会を実施しています。

川島工場では２０１２年８月にお子様を中心とする患者様会２団体をお招きし、工場見学会を開催しました。工場の見学や理科実験教室、昼食会等を通じ、医薬品に対する多くの声をいただきました。ｈｈｃの実現に向けて、社員が何をすべきかを考える機会となりました。同様の見学会を美里工場でも開催しました。川島工場の例と同様に、見学会では製造工程の見学に加え、化学実験の体験会などのプログラムを用意しました。参加した皆様に楽しんでいただくとともに、患者様が製薬企業に期待することや各工場のｈｈｃ活動について意見交換会などの機会も設けました。

この「ｈｈｃ」の3文字に込められた想いは、海外の社員にも理解され、共感され、覚えられやすい共通のコアバリューとなった。今や世界中で５００近いｈｈｃ活動プロジェクトが組織されているという。「エーザイ環境・社会報告書２０１３」から海外の特徴的な2つの事例を紹介しよう。

ひとつは、サイコオンコロジストと行く水族館ツアー。それは、ドイツでの試みだ。サイコオンコロジスト（精神腫瘍医）による心のケアは、がん患者さんやご家族のＱＯＬ（生活の質）を大きく向上することが期待されている。ドイツではサイコオンコロジストのサポートが得られる病院が多いものの、それを活用する患者さんは少ない。ドイツの現地法人では、お子さんを持つ乳がんの患者さんが、より気軽にサイコオンコロジストのアドバイスを受けられるよう、きっかけづくりとして水族館ツアーを企画・実施した。２０１２年10月に第1回目のツアーをミュンヘンで実施し、数組の転移性乳がん患者さんとそのお子さんがサイコオンコロジストの付き添いのもと水族館で1日を過ごし、心のケアとともに患者同士が悩みを共有した。今後ともエーザイグループはがん患者さんのサポートを積極的にいきたいという。

もうひとつは、てんかんに関する啓発のため絵を描いてもらったり、絵本を配布したりするフランス・スペインの試みだ。医療の分野においては、子供たちの心を表現する手段として絵を描いてもらう方法がある。エーザイグループは２０１０年より、フランスのてんかんの子供たちを対象に、疾患にまつわる経験、出来事を描いてもらうプロジェクトを実施している。その絵に描かれた子供たちの心を、てんかん治療に携わる神経科医に深く理解してもらうため、てんかん学会や病院での展示、さらには作品を掲載した冊子を制作して配布した。

いずれの事例も、患者さんと喜怒哀楽を共にし、さらにそれを組織的な活動につなげている。ｈｈｃ活動は、エーザイの世界の社員に根づき始めている。

こうしたｈｈｃ活動に対する、アワードも設置された。そのなかで、とくに優れた活動を認知・表彰するために、年一回、「ｈｈｃイニシアティブ２００ｘ」というイベントが開催される。このイベントには、研究開発、生産、営業、管理の代表メンバーが世界中から集まり、それぞれの活動を発表しあうとともに、その過程で創造された知識を学び、共有し合う機会になっている。ベストプラクティスといっても、売上や利益ではなく、ｈｈｃ活動が対象となるという点が他にはないユニークな点だ。

4　エーザイにおけるビジョンの働き

ｈｈｃ活動は、具体的な目に見える成果を生み出す。たとえば、ｈｈｃ活動のなかで、認知症になってから水も飲まなくなった患者さんを知り、ペクチン（複合多糖類）でできたゼリーを飲み込む姿を目にして、アリセプトのゼリー製剤を考案したケースがある。ペクチンがアリセプトの成分を分解する難点などをクリアし、厚生労働省の承認を得て２００９年に発売されている（『日経ビジネス』２０１２・12・10）。また、その容器についても、手の不自由な方を考慮して、片手でも開けることができる容器をデザインしている。

「患者様と喜怒哀楽を共にする」活動を通じて得られる一つひとつの気づきは、着実に製品やサービスの改良につながっている。商品やサービスを顧客視点から見直すことで、その質が向上するというのは、経営にとって大事なプロセスだ。

しかし、同社のｈｈｃの〈ビジョン〉の効果は、これらの直接的な効果に限定されるわけではない。ｈｈｃは、企業として、研究開発からマーケティングに至る、組織編成や市場に向けた戦略においても、もっと大規模な革新の引き金になっている。

ここでは、紙数の制約もあり、特にマーケティング分野、なかでもまちづくりと医薬品アクセスの課題を取り上げる。加えて、それら課題の解決に挑む人材育成について検討する[21]。

エーザイのマーケティングの課題は、まちづくり?

エーザイの顧客とは、患者さんとそのご家族だということが1992年の宣言で述べられて以来、主として顧客との関係を扱う営業の仕事が、当然のことながら、一番大きく変わった。その事情を、少し詳しく見ていこう。

認知症の医薬品であるアリセプトがわが国に導入されたのは、1990年代の末だった。その導入時、内藤晴夫氏は、マーケティングスタッフに向かって、「アリセプトを売ることばかりを考えるな」と言ったという。売れなくてよいということではないだろうが、営業や販促部隊の関心は、えてして売るという短期的な事柄に向いてしまう。それで、患者さんとご家族の役に立てるのかということだろうと思う。

その当時、実は認知症という言葉さえ社会に知られていなかった。ぼけ老人とか徘徊老人とかと呼ばれ、社会から除かれた存在だった。エーザイは、まずこのことをしっかり理解することから始めた。そして、この認知症という病気についての、患者さんのご家族の理解、お医者さんの理解、さらには社会の理解を促すことが、第一に重要であると考えた。そして、そうした方策をひとつずつ打って行った[22]。

営業のミッションも、それに伴い大きく変わる。そしてその活動を支援・推進するために、エーザイは、2008年10月に「まちづくり」支援の専門組織として、コミュニティ・ネットワーク支援室を立ち上げた[23]。

■注

21　研究開発体制の刷新も顧客本位という趣旨に沿って施行されている。それについて、簡単に触れておく。R&Dからプロダクト・クリエーションへの転換を図る方針を明らかにしたのは2009年である（薬事日報2009年2月27日「エーザイ　新ビジネスモデルへ体制刷新―R&Dから〝製品創出〟へ転換）。基本には、大規模開発組織から、ベンチャー型の開発組織へ、そして患者さんからスタートし患者さんで終わるという「end to end」の考えが貫かれる。内藤社長は、その事情を次のように述べる。「組織の設計もエンド・ツー・エンド・モデルとよく言っています。最初、スターティングエンドは患者さんの喜怒哀楽を知るところから始まって、ラストエンドは患者さんのニーズの充足というところで終わるという、そういう組織立てにしようとしているのです。ですから、研究開発も、今は、例えば癌の患者さんなら癌の患者さんのユニットということで、そこでは最初のプロジェクトの着想から最終的な薬の承認まで一つの組織でやる。免疫的な疾患もそうだし、あるいは神経疾患もそうです。そのような組織立てにしています。」と。さらに続けて、「これまで様々なビジネスモデルが模索されてきたが、規模が大きければ革新的新薬が創出できるという仮説には懐疑的だ」と指摘する。「むしろ有能な人材がどういうモチベーションで新薬を創出していくかが重要」との姿勢を示し、プロダクト・クリエーションの新体制に移行する意義を強調する。

22　こうした取り組みについては、拙著『寄り添う力』1講を参照のこと。

23　具体的な活動も目立っている。大阪旭区と、認知症支援の協定を結ぶ。①認知症に関する理解啓発への協力、②医療・介護関係者への認知症に関する研修協力と情報提供、③今後旭区が設置を予定している大学、企業、NPO、市民、行政が連携して取り組む認知症支援のためのまちづくりプロジェクトへの参加といった内容だ。横浜市金沢区や保土ヶ谷区とも連携している。

認知症になっても安心して暮らせるまちづくり

そうした活動は最近になってさらに発展するのだが、社会のその病気に対する理解も進んできた。

たとえば、NHKでも積極的に取り上げられるようになった。たとえば、認知症の患者さんが行方不明になり、悪くすると身元知らずとして行き倒れになっているケースが少なくないことが、同協会の調査により明らかにされた。同協会のNEWS WEBによれば（2014年7月1日）、認知症やその疑いがあり、徘徊《はいかい》などで行方不明になったとして警察に届けられた人は、2012年の1年間に全国で1万人近くに上り、このうちおよそ350人の死亡が確認されているという[24]。NHKの取材班は、この5年間に全国で行方不明となり、その後、死亡が確認された人のうち、家族や自治体などから当時の詳しい状況を取材できた94人について遺体の発見状況を分析した。その結果、自宅と遺体の発見場所の距離は、1キロ以内と比較的近い場所が55人と最も多く、全体の59％に上り、次いで1キロから5キロ以内が22人、5キロを超えたのが17人だったことがわかったという。

こうした現実を理解すると、認知症になっても安心して暮らすことができるために、家族を含め、いろいろな機関の協力が必要になることがわかる。まず第1に、病気の気づきや家族のチェックが必要だ。続いて、患者さんの受診・検診を促す体制が必要だ。そして、第3に、住民の認知症についての理解、患者さんに対する温かい理解が必要だ。

それらの課題に向けて、「地方自治体や患者さんと家族ないしは介護者のネットワークづくり」や、「早期発見・治療に向けた診断・治療ネットワークづくり」や、「認知症を理解するための市民フォーラムの実施」などの方策が必要になる。エーザイは、この課題に正面から取り組もうとしている。医療機関、自治体、地域包括支援センター、町内会・自治会等社会福祉協議会、そして住民とともに、「地域連携を考える会」を設置しネットワークづくりに貢献しようとしている。エーザイが試みるのは、具体的には、①認知症に対する理解を深め、早期受診を促すための啓発活動、②患者さんや一般生活者を対象とした認知症フォーラムなどの開催、③介護マニュアル作成、④保健・医療・福祉関係者と協力し、介護者向けのマニュアルの作成、④ＶＳＲＡＤ（早期画像診断システム）の開発と普及、⑤ＭＲＩを活用した認知症の画像診断を支援するツールの開発と医療機関への配布、⑥地域におけるかかりつけ医と専門医とのネットワークづくりの支援である（２０１４年アニュアルレポート）。

■注

24　全国で延べ９６０７人に上る。このうち、死亡が確認された人は３５１人。その年の末の時点でも行方不明のままの人も２０８人いたことが分かった。都道府県別で死者数が最も多かったのは、大阪で26人、愛知が19人、鹿児島が17人、東京が16人、茨城が15人となっている。行方不明のままの人の数は、愛媛が19人、愛知が17人、兵庫が16人、東京が15人、大阪が14人となっている（ＮＨＫの同調査による）。

現在、エーザイの多くの社員が、全国各地で医療のみならず、介護・福祉の面から地域が抱える課題の把握に努め、課題解決に向けた取り組みを展開している。また、今後は、認知症だけでなく、要介護につながる原因疾患である骨粗しょう症、関節リウマチ、心房細動などについても活動を広げていく予定だという。がん患者の方に対しても同様の取り組みを試みる。内藤晴夫氏は、「エーザイ・ウィメンズ・オンコロジー・コミットメント：患者様からはじまり、患者様につなぐ」という、以下のような宣言を出している（2011年7月20日）。

日本においては、女性のがん患者様特有の満たされない医療・ケアニーズにフォーカスした活動を推進・支援してくとともに、がん専門ケアマネジャーの養成を医療機関と連携して進めるなど、診断・治療から在宅医療・緩和ケア・終末期医療まで、切れ目なく提供される集学的地域医療体制の構築に貢献することにより、がんと共に生きる患者様とそのご家族のQOL（Quality of life：生活の質）向上と『がん患者様が安心して暮らせるまちづくり』をめざしてまいります。エーザイは、ヒューマン・ヘルスケア企業として、がんと向かい合い、今を生きる女性の想いにより添い、希望をお届けし、QOLを向上することに貢献してまいります。

（『日経ビジネス』2012年6月25日号）

２０１３年にエーザイは、患者の受診行動やニーズを熟知し、患者満足を拡充することにフォーカスを当てた活動をさらに強化するため、国内医薬品事業のビジネスモデルを転換した（薬事日報２０１３年3月18日）。なかでもユニークなのは、本部機能を担う統合マーケティング部と第一線での現場知創造を担う35の統括部で構成される地域包括ｈｈｃユニットである。統合マーケティング部は、アリセプト部、消化器領域室、免疫・炎症室、運動器領域室、画像領域診断室、重点領域室、育薬支援室、シーズ探索室、研修支援室の1部8室体制とする。また、35統括部は、各地域において、患者の受診・診断・治療・介護・在宅医療までの一貫した流れを捉え、地域医療における患者満足を追求する。各統括部直下には、まちづくり活動や集会等を企画・実施するアリセプトナレッジリーダーを配置する。

このようにして、これまで病院や開業医への売り込みが主だったエーザイの営業活動は、いまや直接に患者やその家族に焦点が合わされ、そのために病院や開業医に加え、行政や福祉協議会や関連ＮＰＯと組んで仕事をするようになっている。モノの売り込みからコトの創造へと、１８０度ビジネスモデルは転換しているが、それはまさにエーザイの「顧客のために」のビジョンが生み出した活動にほかならない。

ゼロプライスも考慮に入れた医薬品アクセス課題

本章の最初に紹介したように、エーザイでは、もうひとつの重要な課題として、医薬品のアクセス問題の解決をあげる。医薬品のアクセス問題を、内藤晴夫氏は次のように整理する。

新興国、開発途上国も含めた医薬品アクセス（ATM: Access to Medicines）への取り組みが大変重要になってまいります。ATMを向上させていくには、⑴開発途上国の所得レベルあるいは保険状況などに合わせて価格を設定する（Affordability（購入のし易さ）、⑵医薬品を現場で入手可能とする「Availability（入手の機会）」、⑶患者様ご自身が医薬品を服用する意識を明確に認識される「Adoption（服用の意向）」、⑷これらを支えるストラクチャーである「Architecture（医薬品アクセス改善の基盤・体制）」の構築が重要です。それらの包括的な取組がなされて、初めて医薬品アクセスが改善すると考えています。

（アニュアルレポート2012、内藤晴夫「ステークホルダーの皆様へ」）

なかでも、「顧みられない熱帯病（Neglected Tropical Diseases）」のひとつであるリンパ系フィラリア症治療に注力している。2012年に、2020年までに「顧みられない熱帯病」を制圧する（共同声明）『ロンドン宣言』を発表した。その取り組みについて、内藤晴夫氏は次のように述べる。

当社グループは、顧みられない熱帯病（Neglected Tropical Diseases）の一つであるリンパ系フィラリア症治療に必要な3つの医薬品のうち、決定的に供給が枯渇しているジエチルカルバジン（ＤＥＣ）22億錠を２０２０年までＷＨＯに「プライスゼロ」で提供する契約に調印しました。２０２０年までに蔓延国でリンパ系フィラリア症が制圧できれば、中長期的に大きな経済成長を生み出す一つのきっかけになると思います。当社グループが提供するＤＥＣ錠は、原材料の調達、製造工程の確立と生産、品質保証をすべてインドのバイザック工場で行います。

（エーザイ『環境・社会報告書 ２０１２』）

しかし、生産が開始されたからと言って、アクセス問題が片付くわけではない。低所得の患者には、欧米等で設定している価格では手が届かない。そこで、エーザイは、当地の患者に対して、「価格ゼロ」で提供することを決めた。

――価格はゼロ。究極の適正価格という位置づけです。これをアメリカのビル・アンド・メリンダ・ゲイツ財団、世界保健機関（ＷＨＯ）などと協力して患者の元に届けます。途上国も全員、品質の保証されているきちんとした医薬品を飲みたいと思っている。ですが、価格など様々な事情でそれが実現できていなかったのです。われわれのコスト負担は２０１３年から２０２０年まで7年間で約35億円。先行投資と考えており、薬にはエーザイのロゴマークが入ります。ほかのエーザイ製品同様に、われわれにとって愛着ある製品です。患者さんが、できれば経済的貢献をできるぐらいに回復してもらいたい。それが新興国における中間所得層の誕生の一要素になり、こんどはわれわれの革新的な製品を購入してくれればと考えています。

（『日経ビジネス』２０１２年6月25日号）

この試みは決して社会貢献ではなく、ビジネス活動の一環であることを内藤晴夫氏は強調する。

ビジネスにＣＳＲ（Corporate Social Responsibility）は存在しない、と私は思います。最終的に収益に結びつくということでけじめがつかないと、株主の納得は得られません。ＣＳＲでもチャリティでもよいのですが、余裕がある時はやるけれども、なくなったらやめるということになりがちです。とりわけ患者を救うことが使命の私たちのような企業は、継続的に患者を救う仕事をしなくてはいけません。そこで、途上国に対する中長期投資と考えることにしました。株主にも、きちんと説明できると考えています。

――

（『日経ビジネス』２０１２年6月25日号）

価格ゼロでの医薬品の提供という大胆な試みは、挑戦的な戦略的課題を引き起こすことになる。

第1に、地域の事情に合わせて、地域ごとに異なる価格設定のモデルを組み立てなければならない。なお、エーザイは、インドに加え、フィリピン、インドネシアにおいても同様の戦略を考えている。第2に、低価格で販売しながら収益を確保するモデルを組み立てないといけない。第3に、ビジネスパートナーが大きく変わる。本医薬品の場合においても、ビル・アンド・メリンダ・ゲイツ財団、ＷＨＯのような国際機関、さらには途上国の政府との緊密な連携が必要とされる。第4に、この試みは、医薬品業界におけるビジネスモデルが変わる可能性につながる。つまり、これまでの「限定顧客への少量で高価格モデル」から、「顧客全般に向けて低価格で大量モデル」への変化である。

ｈｈｃの理念、そして「患者様と喜怒哀楽を共にする」のビジョンは、これまでにない新しいビジネスモデルを生み出すところまできたのだ。

一人ひとりの社員が、自主的に意思決定し行動を起こす

新しいビジョンが策定され、まちづくりや医薬品アクセス問題というこれまで扱ったことのない課題に取り組むようになり、社員に対する期待の質も大きく変化している。この点を、最後に指摘しておこう。

第1に、「患者様と喜怒哀楽を共にする」ことを、社員に要望する。ビジネスのすべてはそこからスタートすることを理解してもらう。その分、たとえばビジネススクールといった外部の教育機関への依存は低くなりそうだ。私とのインタビューのなかで、内藤晴夫氏は次のように語る。

私どもの社でも、MBAプログラムで社員をずいぶんたくさん国内外に出していました。しかし、今のビジネス教育には、あまり期待できません。もともとディシプリナリーなファイナンスやマーケティングといったものは、実社会においてはあまり役立たないでしょう。もし、そういうプロフェッショナルを求めるならば、外注して、それなりの人にやってもらえばいいのです。

現代の企業のコアとは何なのかと考えると、やはりタレントマネジメントが大事です。究

極的なコンプライアンスやビジネスモデルをどう考えるか、M&Aをどう考えるかというような、本当にナレッジベースのぐっと絞り込まれたところがコアだと思うのです。

では、そういうことを教育できるのだろうか、また、できるとしても、どうやって教育するのかというところは、ビジネス教育の側の答えが今は見えません。ビジネススクールには、もうあまり期待できないのでは、と考えています。

また、昔は外国の学校へ行って、それなりにいろいろとカルチャーやネットワークなどを学んでくるということには意義があったのですが、企業がこれだけグローバル化していると、自分たちのオン・ザ・ジョブでそういうオケージョンはたくさんあるので、外国へ行くこともあまり意味がありません。そんな意味でも、本当にビジネス教育はかなり際どいところに来ていると思います。

ディシプリン、つまり一般理論を学ぶだけでは、企業の現場の課題に応えることは難しいという指摘。もし、そうした人や力が必要なら外注すればよいだけだという指摘。そして、かけがえのない現場をもつ企業とは違い、現場とはどうしても距離を置くことになる教育機関において、どのようなビジネス教育が可能になるのかという指摘。いずれも現代のビジネス教育の根幹を揺るがす指摘である。

そうした社員の能力の育成の課題を述べると共に、第2に、人材育成について同社独自の取り組みについて、同じ私とのインタビューの中で次のように述べる。

――人材力強化のために、2011年にはチーフタレントオフィサーという役職を置きました。日本のサッカーが強くなったのは、トップだけでなく、小学生ぐらいから常にあらゆる層で底上げを図ってきたからです。社内でそれをやるのが新しい役職の役割です。

外部の教育機関にゆだねるより、みずからにとって必要な人材はみずから開発していこうということなのだろう。続けて、

――外部の力を上手に引き出す感性がまず大事です。自分たちだけの力は限られていますから。2番目は、強みをさらに強くしようとする人。それから3点目は、人好きです。新薬開発はチームでやることが多いので、チームワークとかチームビルディングといったことが苦にならない人でないと務まりません。

必要とされる資質があるとすれば、それは、外の力を生かす力だという。患者さんと喜怒哀楽を共にすることから始まって、その患者さんのために何ができるのかを考えたいと願うエーザイ。そのために、多様な人や組織と連携することが必要であることを学んだエーザイ。そう

したエーザイの歴史を知った読者には、納得のいく人材育成の姿勢だろうと思う。

そして、患者様と喜怒哀楽を共にする、そのことによる最大の成果として、内藤晴夫氏は次のように語る。

一人ひとりの社員が、予期せぬ事態や何らかの決断を求められる局面に対峙した時に、自らの価値観や判断基準に沿って自主的に意思決定し行動を起こせるようになってきたことだと。

（『日経ビジネス』２０１２年12月10日号）

そうした力をもった一人ひとりの社員を育てることこそ、エーザイのこれからの人材開発の骨格となり、同社の理念のさらなる充実発展を支える力になるということだろう。この最後の言葉を知って、あらためて筆者は、「患者様と喜怒哀楽を共にする」ことの値打ちを知ることになった。

5　まとめ

以上、エーザイの理念・ビジョンの誕生から、それが具体的な個々の取り組みに至るところまで、紹介してきた。あらためて、その要約はしない。筆者なりに感じたことを2点指摘して

図表2－1　エーザイの歴史

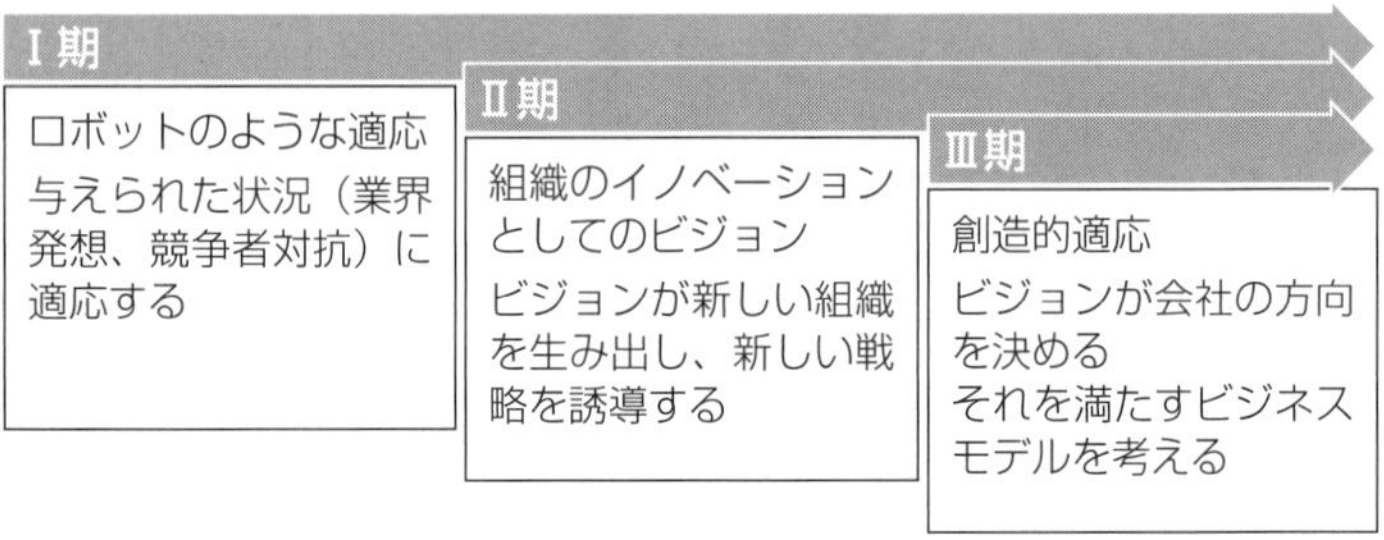
Ⅰ期
ロボットのような適応
与えられた状況（業界発想、競争者対抗）に適応する
Ⅱ期
組織のイノベーションとしてのビジョン
ビジョンが新しい組織を生み出し、新しい戦略を誘導する
Ⅲ期
創造的適応
ビジョンが会社の方向を決める
それを満たすビジネスモデルを考える

終わろう。

第1に、エーザイのビジョン経営の経緯は、上の図のように表すことができそうだ[25]。

Ⅰ期は、業界の状況や強力な競争相手に対応することに精いっぱいで、状況に適応するしかなかった時代。Ⅱ期は、同社独自の〈ビジョン〉が生まれ、それに沿って組織のイノベーションが生まれ、新しい戦略が芽生えてくる時代。そしてⅢ期になって、みずからのビジョンを軸にみずから状況を創造していく時代が生れる。ビジョン主導の経営と言い換えることもできるだろう。この図は、そうした経営の変遷を表している。エーザイは、戦後70年をかけて、現在あるような〈ビジョン〉主導の経営、状況を創造し適応する体制を構築してきた。

第2に、エーザイの歴史を見ながら、ビジョン主導の経営においてカギになる要素を考えた。3点ある。第1は、たとえば、顧客に向いた、心に響くような〈ビジョン〉を作ること。第2に、そうした個々の社員の活動を支援・育成する組織づくりや文化や風土を含めた体制づくりに注力すること。そして、第3に、もっとも重要なことだが、社員一人ひとりが、その〈ビジョン〉に向けて、みずからの思いや判断に従って行動する力を備えること。

エーザイの歴史は、そうしたことを私たちに教えてくれる。そして、エーザイが挑むこの試みこそ、21世紀の新しい時代の経営の姿ではないかと、私は考える。

■参考文献

石井淳蔵『寄り添う力――マーケティングをプラグマティズムの視点から』碩学舎、2014年。

石井淳蔵編「高山千弘氏インタビュー記録」『リサーチノート』流通科学大学流通科学研究所、2012年。

石井淳蔵編「内藤晴夫氏インタビュー記録」『リサーチノート』流通科学大学流通科学研究所、2012年。

■注

25　なお、こうしたビジョン経営を支えるエーザイのコーポレートガバナンスも日本企業としては独特かもしれない。取締役会は、11名で構成される。そのうち、取締役会議長を含む7名が社外取締役である。執行役を兼任する取締役は、代表執行役社長のみ。また、取締役の選任および解任に関する議案の内容を決定する指名委員会は、社外取締役で構成される。2004年に設置されている。

■第３章

良品計画

共創的ビジョンで切り拓く未来

1　良品計画の歴史

本章では、良品計画のビジョンがその事業にどのような指針や影響を与えてきたかを振り返る。良品計画は、「無印良品」の企画開発・製造から流通・販売までを行う製造小売業（ＳＰＡ）である。西武流通グループ（後のセゾングループ）代表で、その中核企業の西友ストアー（後の西友、以下西友と記す）社長でもあった堤清二氏が、西友の自社ブランドとして「無印良品」を１９８０年に立ち上げたことから、良品計画の歴史がはじまる。とはいえ、その開始時は、わずか40アイテムの商品（生活雑貨9、食品31）が、西友の各売場で販売されているだけに過ぎなかった。しかも、シンプルなパッケージで、ナショナルブランドと並んで陳列されるなかで目立つわけでもなく、けっして好調な出だしとはいえなかったのだ。

こうした状況下、後からみれば大きな転機となる出来事だが、当時としては無謀とも思える大胆なアイデアを、堤氏は構想する。まだわずかなアイテムしかなかった無印良品だけを展開する専門店を一等地に出店するという計画だ。このトップの方針によって、無印良品のアイテム数は増え、衣料品にまで広がっていった。こうして、１９８３年に直営1号店「無印良品青山」が誕生し、ユニークな店舗としてメディアからの話題を集め、好評を博した。この成功をきっかけに、西友の大型店や有楽町西武に、無印良品として集積したインショップ展開がはじまった。

１９８５年には無印良品事業部が設置され、それまで無印良品とは関係をもっていなかった木内政雄氏が事業部長として就任。だが、事業部は設置されたが、順調に売上高が伸びているとはいえなかった。そこで、木内氏はその問題を探るべく、全国の店舗を巡回し、欠品や過剰在庫の問題に気づく。商品開発が先行していた無印良品の販売から生産までの仕組みを改革し、全国に出店を拡大する基盤を構築していった。１９８６年には海外生産もはじまり、その生産基盤も拡大した。

こうした改革が功を奏し、１９８９年には株式会社良品計画として西友から独立を果たす。西友常務の奥山裕将氏が良品計画社長を兼任するが、実質的な事業運営は常務となった木内氏であった。翌年には西友社長と兼任する上田宏氏に社長を交代したが、木内氏が運営するという体制は変わらなかった。１９９１年にはロンドンのリバティ社と提携し海外１号店としてロンドンに出店するまでに至る。

１９９３年には、木内氏が社長就任。同年には、大型店舗「無印ららぽーと」（１１９０㎡）を出店した。こうして店舗も増え大型店舗化していくなか、アイテム数も拡大し、成長を遂げた。１９９５年には店頭公開を果たし、同年にはキャンプ事業として津南キャンプ場を開場。

1997年に西友副社長になった木内氏は会長となり、社長を専務であった有賀馨氏に交代した。1998年には東証二部、2000年1月に東証一部へと上場した。こうして、1999年度（2000年2月期）には、当期利益59億円と過去最高益をあげた。同じく2000年には、eコマースの開始や、後に住宅事業や顧客との共創による開発を実施することとなるムジ・ネット（後に、MUJI HOUSE）を子会社として設立した。

このように順風に思えた同社だが、急激に業績は悪化し2001年度中間期に純損失38億円と初の赤字となった。このような状況下、2001年に専務の松井忠三氏に社長を交代した。松井氏は、商品開発出身で常務となった金井政明氏と全国の店舗を巡回し、現場の声を聞くことから取り組みをはじめた。その結果、松井氏は、商品力低下と、仕組み欠如の問題に取り組む。こうした改革のなか、国内外の新規出店は凍結されたが、新しい商品展開の可能性を探るべく、2001年のフラッグショップ「無印良品有楽町」（2822㎡）、「無印良品難波」（2640㎡）のオープンだけは実施された。併行してマニュアルの整備をはじめとする仕組みの改革が行われた。これらの成果が実り、まさにV字の回復を遂げた。

さらに商品力低下問題に対処すべく、金井氏をリーダーに無印良品のコンセプトや開発手法の見直しが行われた。こうして、顧客と共創する手法や、顧客を観察する「オブザベーション」など、新しい開発手法が取り入れられた。2001年ムジ・ネットは、顧客と共創する手法で、日産自動車と共同開発した自動車「MUJI+Car1000」を発売。同じく、後に大ヒット商品となる「体にフィットするソファ」を生みだす「モノづくり家具・家電」も開始された。「スピーカー」や「スタンドライト」などオブザベーション（観察法）をもとにした新商品も多く登場した。

２００８年には松井氏は会長となり、金井氏に社長を交代した。２００９年には、顧客との共創を実践する「くらしの良品研究所」をスタートし、２０１１年には1号店「無印良品青山」を「FoundMUJI 青山」としてリニューアルした。このように良品計画の歴史は、絶えず見直しや改革が行われてきた歩みだといえる[1]。

2　良品計画の企業概要

良品計画の２０１３年度実績は、連結売上高２２００億円、経常利益２３０億円をあげ、３期連続二桁増益と最高益を更新した[2]。売上高に占める国内事業の構成比が73・０％、海外事

■注

１　良品計画ホームページ。

２　『株式会社良品計画２０１４年２月期決算説明会資料』。

業が21・2％、飲食事業やキャンプ事業、住宅販売事業、調達物流事業等のその他が5・8％であり、海外事業の構成比が年々増加している。

中核事業となる無印良品の店舗数は640店舗。うち国内店舗数は385店舗で、直営店が269店舗、商品を卸す供給店が116店舗。海外店舗数は24ヶ国255店舗で、売上高構成比をみると、イギリスをはじめフランス、イタリア、ドイツ、スウェーデン、スペイン、ノルウェーなど13ヶ国で60店舗を展開する欧州地域が4・5％、中国をはじめ台湾、香港、韓国、タイ、シンガポールなど12ヶ国で187店舗を展開するアジア地域が15・6％、アメリカが8店舗で1・1％となる。

無印良品のアイテム数は、全体で7332アイテム。そのなかで、子供服から婦人服、紳士服、下着、衣服雑貨までを展開する「衣服・雑貨」が2040アイテム、雑貨から化粧品、文具、家具、家電、インテリアまでを展開する「生活雑貨」が4663アイテム、調味・加工から菓子、飲料、冷凍食品までを展開する「食品」が629アイテムとなる。衣服・雑貨の売上高構成比は34・4％、生活雑貨は54・3％、食品は9・8％。従業員は全体で5728名、うち正社員が1438名、パートタイム社員が4290名である[3]。

その他の事業としては、無印良品のカフェを18店舗展開するカフェ・ミール事業部がある。「素の食」をテーマに野菜のメニューを中心に、季節の素材やこだわりの食材を使った、体にやさしく食べておいしい料理やデザート、ドリンクを提供している。

同じく、キャンプ事業がある。「過剰なサービスは省きましたが、自然は豊かです」をスローガンに、津南キャンプ場（新潟県）、南乗鞍キャンプ場（岐阜県）、カンパーニャ嬬恋キャンプ場（群馬県）を運営。周辺の約70万坪（３ヶ所合計）の森林管理をはじめ、地元の人々が講師をするアウトドア教室など地域貢献を担う事業として位置づけられる。

グループ企業の事業として、株式会社ＭＵＪＩ　ＨＯＵＳＥは、「家」という器を通して無印良品の考える「くらし」を提案。安全で、自由にいつまでも住み続けられることをコンセプトに、長く使える箱（スケルトン）と、暮らしの変化とともにフレキシブルに変えられる中身（インフィル）に分けて設計することで、家族のライフスタイルの変化に合わせて自由に間取りを変化させることを可能にした。「木の家」（２００６年グッドデザイン賞受賞）、「窓の家」（２００８年グッドデザイン賞金賞受賞）を中心に販売し、現在累計契約実績は１２００棟である（２０１４年2月期）。

同じく、株式会社イデーは、家具・インテリア等のホームファーニシングの企画・製造・販売を展開。単に商品の販売だけでなく、空間プロデュースやコンサルティング、デザイン業務

■注

3　『株式会社良品計画DATA BOOK 平成25年3月1日～平成26年2月28日』。

を実施。その他、グリーン関連ビジネスなど事業展開も多岐にわたり ライフスタイルをトータルに提案している[4]。

3　良品計画の長期ビジョン

では、こうした歴史のなかで、良品計画のビジョンは一体どのような役割を果たしてきたのだろうか。良品計画の長期ビジョンは、「創業期のビジョン」、「成長期のビジョン」、そして「再成長期のビジョン」という3段階に分かれる。

第1段階の創業期のビジョンは、良品計画としてのビジョンではないが、西友の一事業として、堤清二氏を中心に定められた無印良品の哲学やコンセプトがベースとなる。第2段階の成長期のビジョンは、1995年に店頭公開した際に、木内政雄氏を中心に策定されたものであり、第3段階の再生期のビジョンは、2001年に業績悪化し、そこから再生しようとした段階で、金井政明氏を中心に策定されたものである。では、これらを順にみていこう。

創業期のビジョン

無印良品は、当時の西友の社長であった堤清二氏の思想をうけ、西友の自社ブランドとして開発された。まずは当時の状況を確認しておこう。1955年頃、日本でスーパーマーケットが登場。その後、スーパーとメーカーとは、「ナショナルブランド」（メーカーのブランド）商品の価格決定権をめぐり攻防を繰り返していた。その解決策として登場したのが、プライベートブランド（小売業のブランド）であった。当時のプライベートブランドは、販促費や卸業者等への中間マージンを省くことで、ナショナルブランドより10％以上も安価にでき、注目を集めた。1960年にダイエーが「みかんの缶詰」を発売したのを皮切りに、西友、イトーヨーカ堂が参入していった。だが、プライベートブランドは消費者からの信頼を得られず、メーカーとスーパーの名前が併記された、いわゆる「ダブル・チョップ」と呼ばれる商品が生まれた。このようにプライベートブランドは、ナショナルブランド対策で誕生したにもかかわらず、メーカー主導で開発が行われ、実質的には中身は変わらないものであった。

こうしたなか1960年代末に、堤氏はアメリカ大手小売業シアーズ・ローバック本社に飛び込み訪問し、その研究所で無印良品誕生に向けての大きなヒントを得る。それは、顧客に必要な本質的機能を吟味したうえで、メーカーに開発を依頼するという手法である。その時の状況を、堤氏は以下のように話す。

■注

4　良品計画ホームページ。

（無印良品は）独創と言いたいところだけども、これにはオリジナルがある。アメリカに行ったとき、シアーズ・ローバックのラボラトリーを見せてもらった。そのときそこには、カメラが40台ぐらい並んでいました。世界中からカメラを取り寄せて、どうやったら安いカメラが作れるかを研究しているんです。ヤシカ、ミノルタ、ニコンもあった。アメリカ人には、1／500秒より高速のシャッターはいらない。子どもの運動会だって1／500で間に合う。日本のカメラはみんな1／2000くらいまでついているけど、これはむだなんだよ、と。それで、1／500までのシャッターにしたらどれくらい安くなるか、とか。ボディーだって、30年も使うカメラなんてないんだから、ダイキャスト（金型を使った鋳物）でなくてもいいんだ、とか。機械を分解しながら検討を加えた上、メーカーに対して、これこれこういうカメラをシアーズ仕様で作ってくれないか、と交渉する。作ってくれれば、1万台は保証する、ということをやっていると説明された。

（堤・三浦（2009）94-95頁。冒頭の（　）は著者による加筆）

当時の日本企業が、付加価値競争をしていたのに対して、顧客にとっての本質的機能を見極めたうえで、無駄になっているものを省くことで、価格を抑える開発の必要性を実感したと、堤氏はいう。

これには感心しましてね。日本の企業は、いろんなものをくっつけて、商品を少しでも高く売ろうとしてるのに、ずいぶん違うなぁ、と。それで、私は、余計な飾りを省いた『ノンフリル・マーチャンダイジング』を自分のところでも取り入れなければいけないと思ったんです。（堤清二氏［セゾンコーポレーション会長］『日経ビジネス』1996年10月21日号71頁）

その後1972年に、西友はシアーズ・ローバックと提携し、同社の開発ノウハウを学び、小売業主体の開発を目指す。翌年には、シアーズ・コーナーを設置。1977年には、シアーズの大型冷蔵庫をベースに、狭い住宅環境の日本では気になるモーター音の大きさを改善し、日本市場に合ったものを開発した。

それだけでなく、1974年にセゾングループの支援のもと、商品科学研究所が設立された。小売業で初めて、消費者の声を反映した商品開発が行われた。西友は、自社のプライベートブランドを見直して、1975年に「西友ライン」を発売した。その代表商品が、同研究所と西友により開発された、1977年発売の「素材缶詰」である。いままでの缶詰は、保存食的要素が強く開封すればそのまま食べられるという「料理されたもの」が大半であったが、素材缶詰は「料理の材料」を提供するものであった。発売後、メーカーも追従するほどのヒット商品となった。

こうしたなか、市場に「ノーブランド商品」が登場。フランスのスーパー「カルフール」が、1976年にブランド名を商品から外し、アメリカのジュエルも1977年に「ジェネリックス」というノーブランド商品を発売した。日本でもダイエーが1978年にはじめ、1979年にはニチイやヨーカドーが発売するなど広がった。ノーブランド商品とは、トレード・オフ発想から出発したもので、モノ本来の機能や用途の最低必要条件を満たすところまで無駄を省くことで低価格を追求しようというものであった。日本でもナショナルブランドに比べて30％前後安い価格設定になったが、実際はパッケージ面でのコストダウンが中心であった。ダイエーは、プライベートブランドの売上高を維持しつつ、ノーブランド商品が10％以上のシェアをとっていると発表。同社だけでなく、各社のノーブランド商品は好調であった。

だが、西友では、製造責任者が明記されなかったり、品質問題があるといわれていたノーブランド商品には懐疑的であり、手を出さなかった。「コンセプトのきちんとした低価格の商品をつくろう」というのが、堤氏をはじめ商品開発責任者であった奥山裕将氏の意見であった。

こうしたなか、先の商品科学研究所での素材缶詰の開発での出来事が、無印良品の誕生に大きな影響を与える。西友の開発担当者とメーカー、主婦モニター10名が、荻窪のテストキッチン・コアにおいて、素材缶詰「マッシュルーム」の試作品について議論していた。素材の無駄に対する素朴な疑問が、1人の主婦から出された。

何でカサの端がないの。どうせ切り落とした部分はどこかに売っているんでしょうから、もっと安くてもいいいんじゃないの。

（川嶋（1989）、72頁）

当時のJAS規格では、マッシュルームのカサの端を、切り落とすことが義務づけられていた。西友の開発担当者やメーカーでも、当たり前だと思っていたことだ。西友では全体の10％を無駄にしていて、しかも切り落とした部分を選別するコストが増えるという構造であった。開発担当者は、カサの端も混じった状態で缶詰にすれば、安くできることに気づいた。同じように、シイタケでもダシ取りや、切って利用する際には、割れたシイタケでも問題ないという指摘をモニターから受けた。店頭での見栄えが悪いために、並べていなかったのだ。こうした主婦の素朴な意見を契機にした商品アイデアが20ほど生まれた。

1979年夏に、このアイデアを知った堤氏は、「思想性があるから良い」と即座に承認。この思想性とは、高度成長期において、メーカーが「付加価値」をつけて高く売れる商品を開発するという姿勢に対して「アンチテーゼ」をもっているという点であった。先のシアーズ・ローバックで得たヒントに、西友なりの解答をもたらすものと感じたのであろう。さらに、市場を席巻してはいたが品質問題をもつノーブランド商品とは、異なる発想で開発できるという思想性もあった。堤は、開発スタッフに推進するよう檄を飛ばす。

これから出そうと計画している商品は、高度成長時代、大量生産時代に対するアンチテーゼだ。しかし、それだけで終わるのではなく、アウフヘーベン（否定しつつも、より高次の統一の段階で活かす）するにはどうしたらいいのかを考えるんだね。（川嶋（1989）、75頁）5

こうしたなかの1980年秋、セゾングループのアドバイザーであるグラフィックデザイナーの田中一光氏や、コピーライター、商品企画スタッフが、ネーミングを検討。市場を席巻していたノーブランド商品の影響もあり、横文字名のアイデアが多く出されたが、しっくりこない。その時に、1人が「無印・・・良品」とつぶやくと、即座に田中氏が賛同した。田中氏は、ノーブランド商品と違う価値を提案するには、日本語での表現が最適であったという。

西友は、〝ノーブランド〟に立ち遅れていましたからね。ノーブランド商品は基本的にアメリカの真似です。それをさらに遅れて追随する西友が横文字の名前をつけたら真似の真似のモノ真似になってしまいます。日本語のほうがピッタリすると思ったわけですよ。（川嶋（1989）、78頁）

こうした試行錯誤のなかで、無印良品のコンセプトが収斂されていった。それは、「わけあって、安い」というコピーで表現される。商品開発のポイントは「高品質を保った構造的な廉価商品」であり、その開発対象商品は、「日常生活基礎商品で、過剰サービスを必要としない商品」、「安い理由が納得のいくものであり、それを（タグに）明記できる商品」、そして「NB（ナショナルブランド）の25～30％引の安価で、安定供給が可能な商品」という3つの条件を満たすものが選ばれた。

開発方法としては、「素材の選択」、「工程の点検」、そして「包装の簡略化」という3つの視点（わけ）で、消費者の立場にたち、既存商品の見直しをはかり、原材料や生産の段階まで踏み込んだ商品仕様を考えたのである。具体的には、素材の選択では「海外にも目を向けて、品質がよく、より安い原料の取得ルートを開拓する」という手法で、工程の点検では「選別や見ばえをよくするための工程を省くなど、製造過程を再点検する」という手法で、そして、包装の簡略化では「数をまとめてひと包みにしたり、包装印刷を簡略化する」という手法で、構造的な廉価商品の開発が行われた。

こうして、無印良品は1980年12月に、「わけあって、安い」というコピーのもとに、生活雑貨9アイテム、食品31アイテムの計40アイテムで誕生した。「素材の選択」、「工程の点検」、

■注

5　（　）の説明は著者による加筆（デジタル大辞泉ホームページサイト）。こうした堤清二氏の消費社会に対するアンチテーゼは、堤（1996）が詳しい。

そして「包装の簡略化」という3つのわけをもって開発したため、従来の単に低価格追求型のノーブランド商品とは一線を画す、独自性の高い商品となった[6]（図表3－1）。

図表3－1　無印良品第１次開発商品

商品名	商品タグのコピー（わけの説明）	視点（わけ）
12ロールトイレットペーパー	ご家族用ひと包み。	包装
詰替用ティッシュー	５パックに１個詰めかえボックス付。	包装
食品包装用ラップ	低公害のブタジェン樹脂を使用。粘着率がアップした50m巻。	素材・包装
歯ブラシ	ご家族用ひと包み。	包装
柔軟仕上剤	共通ボトル（1ℓの醤油用ボトル）にいれ、ボトル代を削減。	包装
われ椎茸	大きさはいろいろ割れもありますが風味は変わりません。煮ものや五目寿司など調理用に。	素材・工程
鮭水煮	規格外の鮭肉ですがおいしさは変わりません。サケ科のからふとますを使用しています。	素材
インスタントコーヒーフリーズドライ	粒がふぞろいですが風味は変わりません。	工程
黒糖かりんとう	甘味の使用をおさえた徳用価格です。	素材
サラダ油	大豆と菜種の割合を原料相場に応じて変化。風味は変わりません。	素材
オレンジドリンク	容器を缶からアルミパックに。お徳用です。	包装

（出所：流通産業研究所監修・スミス編（1986）37頁参照）

だが、その売れ行きは思うようなものではなかった。その原因のひとつは、西友の売り場で無印良品が埋没していたためである。シンプルな包装であったうえにアイテム数が少なかったこともあり、競合するナショナルブランドと並べられていたのでは、消費者にインパクトを与えることは難しかった。もうひとつの原因は、店舗の売り場担当の判断で、安定して売れるナショナルブランドが優先的に棚に置かれ、プライベートブランドの無印良品が充分に陳列されていなかったためである。店舗の売り場担当者は、長期にみれば会社にとってメリットが大きいことを分かってはいても、売り場の目標売上高や利益を達成するという使命が与えられていたのである。これは、無印良品だけではなく、多くのプライベートブランドが共通して直面することになる壁である。

こうしたなかの１９８１年１月に、堤氏が開発スタッフの労をねぎらうための食事会を開催。当時の状況を理解していたであろうにもかかわらず、堤氏は最先端の立地への専門店の出店という大胆な構想を表明した。

――無印良品専門のショップをニューヨークや青山、六本木といったファッションの先端をい

■注

6　流通産業研究所監修・スミス編（１９８６）19-23頁、36-37頁、川嶋（１９８９）64-78頁

く場所につくろうと思っている。（川嶋（1989）96頁）

その場にいた開発スタッフの誰もが、40アイテムしかなく、かつ安価な商品では難しいと考えた。だが、アドバイザーの田中一光氏や小池一子氏は、目立つ場所への専門店の出店を提案していた。以下のように、田中氏は堤氏に助言していた。

私は堤代表とお目にかかった時に、無印良品をホンモノにするためにはニューヨークや青山に店を出した方がいいとお勧めしたんです。西友や西武百貨店の中に商品を並べるだけでは目立ちませんからね。（川嶋（1989）98頁）

こうした話をうけ、奥山裕将氏は、青山を標的に出店を検討した。約2億円の赤字となる出店計画であったが、「良質の商品を安く売る」という思想に自信をもっていた堤氏は、出店を命じた。

アドバイザーの田中一光氏や杉本貴志氏が、内装や店内レイアウトに関わり、1983年6月に「無印良品青山」がオープンする。1階と2階をあわせても31坪という小型店だが、外壁は明治時代の古レンガ、店内の床や棚には信州の古材の再利用、内装の壁や天井はコンクリート打ちっぱなし、パイプやダクトもむき出しのままで、まさに無印良品のコンセプトに合った店舗設計だった。オープンまでの2年半に急ピッチで開発が行われた結果、売り場を埋め尽くすのに充分とはいえないが、アイテム数は450アイテムにまで広がった。

こうして開発された代表的な商品のなかに、大ヒット商品となった1982年発売の自転車がある。青山店のウィンドウに飾られた商品である。それは、ハンドルやボディー、ブレーキなど自転車が安全に走れる基本機能だけに絞ったシンプルなものだ。泥よけやライト、カゴはついておらず、パーツとして自由に購入できる。西友の役員のなかには、「ライトのない自転車なんか戦争中を思いだすからイヤだ」という反対意見もあったが、堤氏や奥山氏は、面白いと許可。自由にカスタマイズできることが好調の要因と、開発担当の中田哲夫氏はいう。

自転車を買うお客さんはおし着せのパーツがついたものを手に入れるよりも、〝自分の好きな、あるいは欲しいパーツだけつけてもらった〟と自由な気分を楽しんでいるでしょうね。

（川嶋（1989）109頁）

青山店は、ユニークな店舗としてメディアにとりあげられ、若者をはじめ多くの人々からの支持をうけ、当初予定の10倍の年商1億2000万円を達成した。この成功が新商品開発にさらに拍車をかけ、多くの商品へとアイテムは広がっていった。商品開発では、先のアドバイザーたちも協力した。こうして、業績は倍増し、事業は順調に拡大し始めるかに見えた。

ところが、青山オープンのわずか3年後の1985年には成長が鈍化し、西友内部では「無印の役割は終わったのでは……」、あるいは「ポスト無印の開発を急がねば…」という声があがりだした。当事者である商品企画スタッフの多くも、無印良品のブームは4～5年で終わると思っていたという。社内でも「ポスト無印良品」の開発がよく議論されるようになりだしていた。そのために、西友は「主婦の目」や「故郷銘品」など新しいプライベートブランドの開発にも乗り出していた。

こうしたなか、1985年には無印良品事業部が設置され、木内政雄氏が事業部長として就任。木内氏は売上不振の原因を探るべく、全国の店舗を巡回した。その結果、欠品や過剰在庫の問題に気づき、販売から生産までの仕組みの改善に着手する。商品開発が先行していた無印良品の販売から生産までの仕組みを改革し、全国に出店を拡大する基盤を構築していった。

こうした改革が功を奏し、1989年には株式会社良品計画として西友から独立を果たすまでになる。西友常務の奥山裕将氏が良品計画社長を兼任するが、実質的な事業運営は常務となった木内氏であった。それまでは、無印良品スタッフ、ショップ店員は、西友から良品計画に出向している状態であったが、店舗、社員ともに移籍し独立会社となった[7]。

だが、独立したものの、外部アドバイザーの協力による商品開発は継続していた。開発担当による商品企画は、常務以上で構成される「商品戦略委員会」（MDS）で半期に1度検討されたうえで、アドバイザリーボードによる「商品判定会」で、無印良品として適正な商品であるかどうかが最終判定された。アドバイザリーボードは、田中一光氏、小池一子氏、杉本貴志氏、麹谷宏氏、天野勝氏の5名であった。

一方、無印良品誕生の契機となった顧客の声も、重要視された。消費者室に、顧客から毎月700〜800件寄せられる顧客のクレームや意見などの声が開発のヒントとなっていた。取締役で無印良品事業部長の松井忠三氏は、以下のように説明する。

> いろいろなマーケティング手法を使って商品開発に活かしているが、やっぱりお客からダイレクトにくる苦情が一番。その苦情をひとつひとつつぶしていくことが、商品の品質向上につながるし、次のステップとして新しい商品の開発につながってくる。
>
> （流通企業研究会（1996）85-86頁）

こうした声で生まれた新商品が、生成り色の修正液だ。無印良品の定番商品として人気の高かった「生成り色のノートに合う修正液が欲しい」という顧客からの要望に対応して、開発し

■注

7　川嶋（1989）94-102頁、105-109頁、118-120頁、144-148頁、158頁

た商品であった[8]。

成長期のビジョン

こうして成長していった良品計画は、１９９５年には店頭公開というビッグビジョンを達成。良品計画の経営に背骨を入れたほうがよいということで、コンサルタントを使って、今後10年、20年もつビジョンをつくるよう、西友から指示を受けた[9]。全国の店長やスタッフと話しつつ、1年以上かけてコンサルタントを入れて作成。良品ビジョン、企業理念、そして行動基準が作成された。

こうして良品計画のビジョンはできたが、事業領域など具体的なことは定義されていない。「良品」ビジョンでいうように、正解もないし、無限の可能性があると説明され、極めて抽象的な内容である。企業理念では、生活者視点での良品価値の探求があげられ、創業期のコンセプトを引き継いだものとなっている。創業期のメンバーでつくられた開発コンセプト「わけあって、安い」や、専門家である外部アドバイザーや、顧客との共創が大事にされている。

こうして「わけあって、安い」をもとに、衣服、生活雑貨、食品のアイテムが開発されていった。１９９７年に西友副社長になった木内氏は会長となり、社長を専務であった有賀馨氏に交代した。１９９８年には東証二部、２０００年1月に東証一部へと上場した。こうして、

図表３-２　良品計画のビジョン

「良品」ビジョン 「良品」には、あらかじめ用意された正解はない。しかし、自ら問いかければ、無限の可能性が見えてくる。 **企業理念** 良品価値の探求（Quest Value）」 「良品」の新たな価値と魅力を生活者の視点で探求し、提供していく。 成長の良循環（Positive Spiral） 「良品」の公正で透明な事業活動を通じ、グローバルな成長と発展に挑戦していく。 最良のパートナー（Best Partnership） 仲間を尊重し、取引先との信頼を深め、「良品」の豊かな世界を拡げていく。 **行動基準** 1　カスタマー・レスポンスの徹底 2　地球大の発想と行動 3　地域コミュニティと共に栄える 4　誠実で、しかも正直であれ 5　全てにコミュニケーションを

（出所：良品計画ホームページ）

商品数、店舗数とも拡大し急成長を遂げ、１９９９年度に良品計画は、当期利益59億円と最高益をあげ、世間では「無印神話」とまでいわれた。だが、順風に思えた同社だが、またしても業績は急激に悪化し２００１年度中間期の純損失は38億円の赤字となった。創業以来初の赤字となり、「無印良品の時代は終わった」と世間の評価も一転した。

このタイミングで、社長に交代した松井忠三氏は、常務となった

■注

8　流通企業研究会（１９９６）77-78頁、85-86頁、90頁

9　２０１２年11月５日、木内政雄氏インタビュー。

金井政明氏と現場の声を聞くことから取組みをはじめた。本社では分からない現場の問題点を探るべく、単に直営店170店舗を訪問するだけでなく、本音を聞けるよう店長やスタッフと飲みにいった。

こうして松井氏は、良品計画の抱える問題を、ユニクロやダイソーなどの競合他社の台頭という外部要因もあることを理解していたが、自ら改革できる内部要因に焦点を絞っていく。そして、業績悪化の直接の原因を、連続的な大型店出店の予想を上回るコスト増大と、店舗大型化に伴い商品数を増やしすぎたことによる商品力の低下にあると判断した。4年半の間に商品数が倍になり、開発が追いついていなかったのだ。その根本にあるのは、社内に蔓延するおごりや慢心だと、松井氏は指摘する。

その背景にあるのは、〝無印神話〟によりかかっていた経営者や社員の姿勢です。右肩上がりの時代に、無印良品は徐々に内部から蝕まれていったのでしょう。

店を出せば売れる、商品をつくれば売れるのだと、無印良品のブランドを過信したのです。業績な好調な時期、ホームセンターのニトリや100円ショップのダイソーは、無印良品の商品を買い込んで、あれこれ研究していました。そして、同じ質の商品を3割安く仕上げて売るような企業努力をしていたのです。

ところが、無印良品にはまったく危機感はなく、それまでのやり方を変えようとしませんでした。

当時、取引先のほうが危機感を抱き、「ニトリさんでこういう商品が売れているから、無印さんでもつくったらどうですか」と提案してくれたこともあったようです。それを聞いて担当者はありがたるどころか、「無印は今のままでも売れているのだから、このままでいいんです」と一蹴する始末。

社内には、おごり・慢心が蔓延していたのです。

（松井（2013）44-45頁）

さらに、セゾン文化の体質を受け継いだノウハウを蓄積していかないという風土の問題を指摘し、風土や社風を変えるために、既存のビジネスモデルを見直したうえでの仕組みの開発の必要性を説いた。

…西友がセゾングループの一員だったことも影響していました。セゾンから、経験と勘を重視しすぎる体質を受け継いだため、社員が上司や先輩の背中だけを見て育つ〝経験至上主義〟がはびこっていました。

仕事のスキルやノウハウを蓄積する仕組みがなかったので、担当者がいなくなったら、また一からスキルを構築し直さなければならなかったのです。

これでは昨今の、めまぐるしく変化するビジネス環境についていけません。

そこで考えた解決策が、…「仕組み」です。

仕組みづくりとは、会社の風土、社員がつくっている社風を変える試みでもあります。セゾン色に染まった風土を、無印良品色に、新しく染め直す。それが谷底から這い上がるための方法なのだと、固く信じていました。

もちろん、不採算の閉鎖・縮小や海外事業のリストラなどの大手術も必要でしたが、同時に社内の業務の見直しも始め、ＭＵＪＩＧＲＡＭや業務基準書などのマニュアルを整備し、徹底的に見える化を図りました。


（松井（２０１３）29-30頁）


だが一方で、松井氏は、急激な意識改革では、けっして根付かないと指摘する。西友の人事担当の時代に意識改革研修を自ら手がけたが、急激な意識改革では定着しなかったという経験をもっていたのである。松井氏は、社員は急激な変化ではなく、仕組みをもとにしたマニュアルを実践するなかで、意識を徐々に変化させていくものだと説明する。

良品計画のマニュアルには、仕事のノウハウがつまっている。ＭＵＪＩＧＲＡＭは店舗スタッフを対象としたもので、接客や売場ディスプレイの方法などが書かれている。一方、業務基準書は、店舗開発部や企画室など本部スタッフを対象としたもので、商品開発から経営に関わる内容が書かれている。

新しい仕組みには、現場から生まれてきたアイデアも含まれる。たとえば、「売れ筋捜査隊」と「一品入魂」という仕組みがある。売れ筋捜査隊は、データをもとにした自動発注の仕組みでは対応できない、急な動きに対応するものである。店舗スタッフが売れ筋ベスト10の商品を把握し、その商品を目立つ場所に陳列するという仕組みである。一品入魂は、各店舗スタッフが各自売りたい商品を1つ決め、推薦理由のコメントを掲示し、お試し価格として2割ほど安くして売るという手法である[10]。

一方、商品力低下の問題に対応すべく、商品開発力強化も行われた。2001年12月に、無印良品のコンセプトや、開発手法を再検討する「無印良品コンセプトファクトリー」というプロジェクトが設置された。金井氏をリーダーに、商品開発部門の責任者やリーダー、宣伝販促、店舗開発、海外事業の責任者、アドバイザリーボード（田中一光氏、小池一子氏、麹谷宏氏、杉本貴志氏、天野勝氏）[11]や、新しいクリエイティブチーム（原研哉氏、深澤直人氏）が、そ

■注

10　松井（2013）14頁、28-30頁、44-50頁

11　2002年1月に田中一光氏は死去する（『朝日新聞』2002年1月11日夕刊）。

のメンバーとなった。なかば形骸化していたアドバザイザリーボードとの関係を復活させた。毎月、各部門からは商品開発の方向性が提示されつつ、外部の専門家から新しい視点をもらい議論された。こうしたなか、「わけあって、安い」というコンセプトの見直しにかかる。金井氏は、ユニクロやニトリ、ダイソーなどのＳＰＡが躍進し、それぞれオリジナル商品を開発しているなか、従来のコンセプトだけでは、競争力はないと、以下のように指摘する。

「原料省いたら、透明にしたら、安くなりました」とか、「割れているものだと安くなりました」とかは、競合企業が同じ土俵にあって、同じような調達構造をしている時代だからこそいえた。しかし競合がＳＰＡ化しているなか、土俵が違ってきている。「わけあって、安い」では、良いとはいえない。モノのありようを考える時に、工程の点検、素材の選択、包装の簡略化という視点は重要だが、「わけあって、安い」というコピーは、過去のものでよい。

（２０１４年9月5日、金井政明氏インタビュー）

こうしたなか、新たにアドバイザリーボードとなった原氏や深澤氏と議論して生まれたのが、２００３年の「無印良品の未来」という企業広告である（図表3-3）。このなかには、無印良品のモノづくりのあり方が集約して示されている[12]。創業者の堤清二氏が掲げた、消費社会に対するアンチテーゼという哲学が表現される。続いて、ブランドによる高価格商品と、安価な労働による低価格商品と二極化している現代の消費社会現象を説明したうえで、それらのどちらでもないという無印良品の立ち位置が提示される。そして、今までの「わけあって、安い」だけの開発から脱却し、「素」を旨とする究極のデザインを目指すという宣言が行われる。

継続して、金井氏は「アドバイザリーボード」の位置づけを強化する。新しいボードは、原研哉氏、小池一子氏、深澤直人氏、杉本貴志氏の４名となる。毎月１回、ボードメンバー４名と金井氏以下の幹部社員による「アドバイザリーボードミーティング」が開かれる。

アドバイザリーボードミーティングとは、何かの意思決定を行う場ではなく、その参加者は、生活や仕事のなかで捉えた、世の中の動向や、関心ごと、疑問に思っていることをフランクに話し合う場である。こうした議論のなかで、社会のなかでの自社の位置づけや、方向性を空気感として共有する。

このアドバイザリーボードミーティングでの議論を参考にしつつ、良品計画では事業計画が策定される。それをもとにしつつ、顧客ニーズが調査され、商品企画がつくられる。サンプル検討会が数回実施され、最終的に会長以下部課長が参加する「商品戦略委員会」（ＭＤＳ）で判断され、商品化されていく形になった。従来の方法とは、アドバザイザリーボードミーティ

■注

12 「無印良品の目利き力」『日経デザイン』２０１４年６月号、44頁

図表3－3　無印良品の未来

無印良品の未来

　無印良品はブランドではありません。無印良品は個性や流行を商品にはせず、商標の人気を価格に反映させません。無印良品は地球規模の消費の未来を見とおす視点から商品を生み出してきました。それは「これがいい」「これでなくてはいけない」というような強い嗜好性を誘う商品づくりではありません。無印良品が目指しているのは「これがいい」ではなく「これでいい」という理性的な満足感をお客さまに持っていただくこと。つまり「が」ではなく「で」なのです。

　しかしながら「で」にもレベルがあります。無印良品はこの「で」のレベルをできるだけ高い水準に掲げることを目指します。「が」には微かなエゴイズムや不協和が含まれますが「で」には抑制や譲歩を含んだ理性が働いています。一方で「で」の中には、あきらめや小さな不満足が含まれるかもしれません。従って「で」のレベルを上げるということは、このあきらめや小さな不満足を払拭していくことなのです。そういう「で」の次元を創造し、明晰で自信に満ちた「これでいい」を実現すること。それが無印良品のヴィジョンです。これを目標に、約5,000アイテムにのぼる商品を徹底的に磨き直し、新しい無印良品の品質を実現していきます。

　無印良品の商品の特徴は簡潔であることです。極めて合理的な生産工程から生まれる製品はとてもシンプルですが、これはスタイルとしてのミニマリズムではありません。それは空の器のようなもの。つまり単純であり空白であるからこそ、あらゆる人々の思いを受け入れられる究極の自在性がそこに生まれるのです。省資源、低価格、シンプル、アノニマス（匿名性）、自然志向など、いただく評価は様々ですが、いずれに偏ることなく、しかしそのすべてに向き合って無印良品は存在していたいと思います。

　多くの人々が指摘している通り、地球と人類の未来に影を落とす環境問題は、すでに意識改革や啓蒙の段階を過ぎて、より有効な対策を日々の生活の中でいかに実践するかという局面に移行しています。また、今日世界で問題となっている文明の衝突は、自由経済が保証してきた利益の追求にも限界が見えはじめたこと、そして文化の独自性もそれを主張するだけでは世界と共存できない状態に至っていることを示すものです。利益の独占や個別文化の価値観を優先させるのではなく、世界を見わたして利己を抑制する理性がこれからの世界には必要になります。そういう価値観が世界を動かしていかない限り世界はたちゆかなくなるでしょう。おそらくは現代を生きるあらゆる人々の心の中で、そういうものへの配慮とつつしみがすでに働きはじめているはずです。

　1980年に誕生した無印良品は、当初よりこうした意識と向き合ってきました。その姿勢は未来に向けて変わることはありません。

　現在、私たちの生活を取り巻く商品のあり方は二極化しているようです。ひとつは新奇な素材の用法や目をひく造形で独自性を競う商品群。希少性を演出し、ブランドとしての評価を高め、高価格を歓迎するファン層をつくり出していく方向です。もうひとつは極限まで価格を下げていく方向。最も安い素材を使い、生産プロセスをぎりぎりまで簡略化し、労働力の安い国で生産することで生まれる商品群です。

　無印良品はそのいずれでもありません。当初はノーデザインを目指しましたが、創造性の省略は優れた製品につながらないことを学びました。最適な素材と製法、そして形を模索しながら、無印良品は「素」を旨とする究極のデザインを目指します。

　一方で、無印良品は低価格のみを目標にはしません。無駄なプロセスは徹底して省略しますが、豊かな素材や加工技術は吟味して取り入れます。つまり豊かな低コスト、最も賢い低価格帯を実現していきます。

　このような商品をとおして、北をさす方位磁石のように、無印良品は生活の「基本」と「普遍」を示し続けたいと考えています。


（出所：良品計画ホームページ）


ングとＭＤＳとの順序が入れ替わった形だ。以前は、アドバイザリーボードミーティングで最終判断しても、商品拡大が望まれている状況や、生産が進んでいると、中止することが難しかった。しかし、アドバイザリーボードミーティングを計画の上流に置くだけでなく、頻度を多くすることで、より外部の専門家の知識が活用できる状態になった。

　アドバイザーのなかには、議論だけでなく、開発過程に深く関わる者もいる。深澤氏は、生活雑貨の開発に、「オブザベーション」、いわゆる観察法を導入した。これは、商品企画スタッフやデザイナーが、顧客の家を訪問し、実際の使用現場を観るという手法である。それだけでなく、「Found MUJI」という開発手法も導入した。社内のスタッフが、世界の各地に足を運び無印良品の価値観に合致する商品を探しだし、そこから発想を得て新たな商品を生み出すという方法だ。

同時に、アドバイザリーボードミーティングでの議論については、先の「無印良品の未来」のような無印良品からのメッセージとして、毎年、発信される。その第2弾が、2003年に発信された「地球規模の無印良品」である。Found MUJIの意義や可能性を説明する内容だ。

もしも無印良品が他の国や地域で誕生していたとしたら。たとえばドイツで、あるいはイタリアで生まれていたとしたら、どんな商品やお店が生み出されていたでしょうか。さらには経済が活性しつつある中国で無印良品が発案されたのだとしたら、どんな製品群がどのように世界に登場したでしょう。そんなイマジネーションが新しい無印良品のヒントになります。世界の様々な地域や文化そして才能から無印良品を構想し、そこに新しい無印良品の可能性を見つけ出してみたい。そんな風に私たちは考えはじめています。無印良品は世界に発想を開いていく時代を迎えているのです。

（良品計画ホームページ「地球規模の無印良品」より抜粋）

２００４年には、第3弾として「無印良品の家」というメッセージが発信され、無印良品としての家に対する考え方や取り組みの意義や可能性が説明される。同年、ムジ・ネット社より無印良品の「木の家」が発売される。その後も、毎年、メッセージが発信されている[13]。

再成長期のビジョン

再成長を果たすなか、良品計画では、２００８年には松井忠三氏が会長となり、金井政明氏に社長を交代した。金井氏は、すでに開発の方向性や新しい開発手法を提示してきたが、改革期に社員から聞いた意見に答える、具体的なビジョンを示す必要を痛感していた。

リストラ時には、店長の給料も下げた。「無印良品は好きだけど、良品計画は嫌い」という、社員の声を聞いた。これでは、企業は伸びないと思った。社員が良品計画を好きにならないと伸びない。既にあるビジョンは、「これはこれで正しいもの」だと思うが、コンサルタントを入れて作成したために、良くまとまりすぎていて、飾りになっていた。これをもっ

■注

13　「無印良品の目利き力」『日経デザイン』２０１４年6月号、21-24頁、44頁、良品計画ホームページ。なお、無印良品の顧客との共創については、西川・本條（２０１１）が詳しい。同様に、無印良品のオブザベーションについては、西川（２００６）が詳しい。

図表3-4　追加された良品計画のビジョン

自然と。無名で。シンプルに。地球大。

無印良品の理想

私たちは何のために存在しているのか

美意識と良心感を根底に据えつつ、日常の意識や、人間本来の皮膚感覚から世界を見つめ直すという視点で、モノの本質を研究していく。

そして「わけ」を持った良品によって、お客様に理性的な満足感と、簡素の中にある美意識や豊かさを感じていただく。

良品計画の目標

私たちはどこに行こうとしているのか

良品計画で働く仲間の永続的な幸せを第一の目標とする。そのために、社員、スタッフ全員が高い目標にチャレンジし、努力し、達成した時の充実感を持てる風土をつくることで、無印良品の思想を具体化し、世界レベルの高収益企業となることを目指す。

良品計画の価値観

私たちは何を大切に考えるか

誠実で正直であること、仲間を大切にし信頼を深めること、そしてひとりひとりが地球大の発想で考え、挑戦し、やり抜くことを尊重する。それが、良品計画の目標を達成するための土台となる。

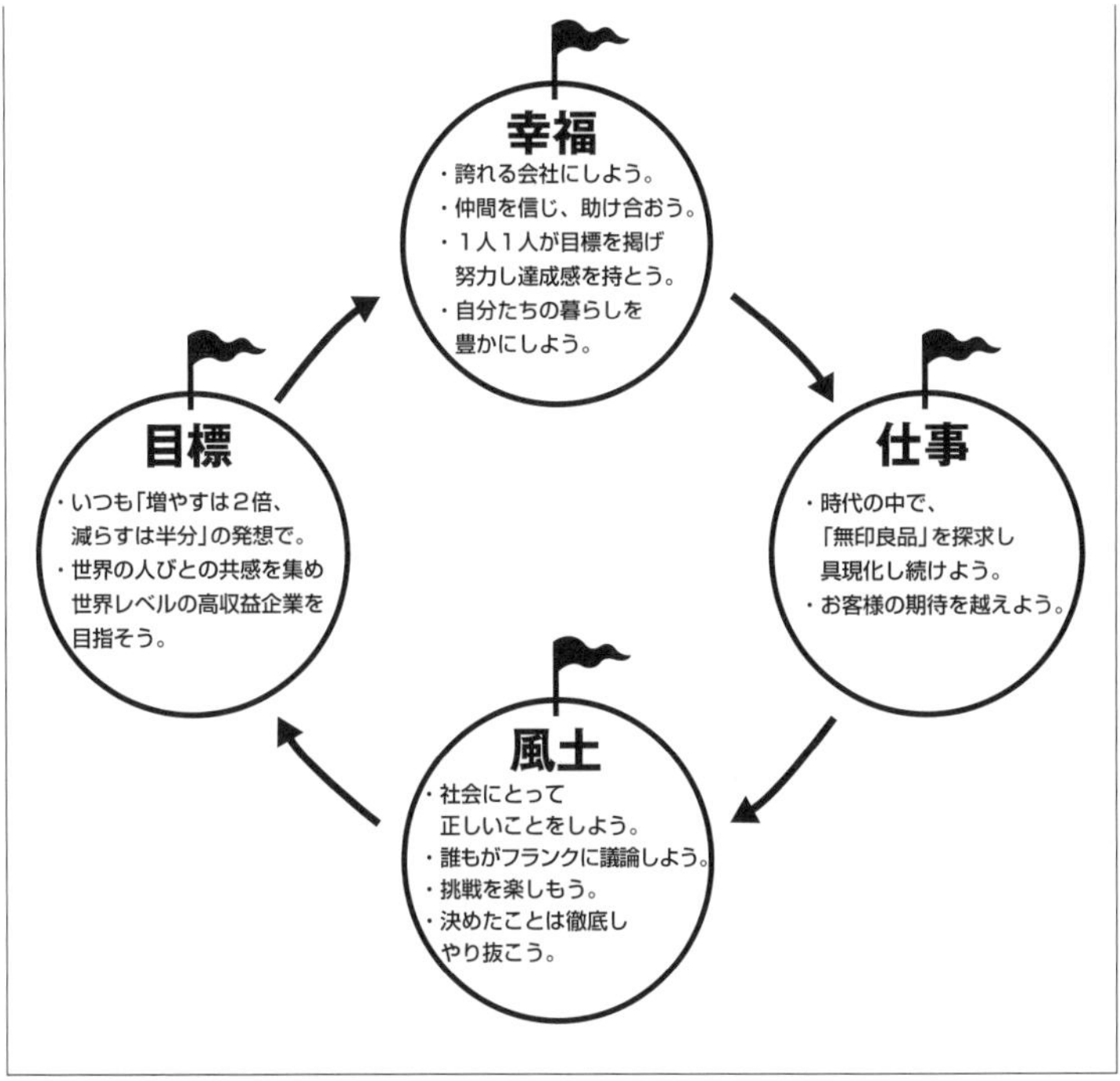

（出所：良品計画ホームページ）

と噛み砕いて、社員が良品計画を好きになって、実際の行動につながるような具体的なものをつくる必要があると思った。（2014年9月5日、金井政明氏インタビュー）

こうした想いで、金井氏は、社員の行動につながる、より具体的なビジョンを追加していった（図表3-4）。上のビジュアルでは、「無印良品の未来」で発信される「日本の基本から世界の普遍へ」という方向性を中心に示したうえで、「無印良品」を支える、たくさんの社員の姿が表現される。その下に、キーワードとして、「自然と。」「無名で。」「シンプルに。」「地球大。」という4つの言葉が挙げられる。それは、1988年11月に発行された「無印良品」の原点にあたる考え方を一冊にまとめた書籍『無印良品の本』の章名だった言葉で、無印良品の思想を表現するキーワードだ。

さらに、社員の視点で理解しやすいように、無印良品の理想では、「わたしたちは何のために存在しているのか」という副題をつけて、良品計画の目標では、「私たちはどこに行こうとしているのか」をつけて、そして良品計画の価値観では、「私たちは何を大切に考えるか」をつけ説明する。

だが、より具体的にしようと追加されたビジョンにおいても、やはり事業領域は定義されない。「無印良品の理想」でも、モノの本質を研究していくことや、「わけ」をもった良品を提供することは示されるが、極めて抽象的である。さらには、下のビジュアル中の「仕事」にあるように、社員には、時代のなかで「無印良品」として可能なことを模索させようとする。これは、まさに「良品」には、正解はなく無限の可能性があるという「良品」ビジョンと同じだ。そして、この背景にあるのは、ビジョンでは明示化されていないが、創業者の堤清二氏が挙げた、消費社会に対するアンチテーゼという哲学だ。先の「無印良品の未来」でのメッセージにも通じるものだ。金井氏は、以下のように説明する。

良品計画のビジョンは、消費社会に対してアンチテーゼを持ち続けること。アンチテーゼは、時代の中で常に変わるが、いつも無印良品は「感じ良い暮らし」を考えていく。世間では、便利さを追い求める競争が激しいが、便利さというのは、本当に豊かなのだろうか。むしろ不便な中にこそ、本当の豊かさがあるのではないか。

例えば、里山を守るために、何かできるのではないかと思う。里山での田植えというのは重労働で、一般的にはやりたくない労働かもしれない。だが、普通の人々にとっては労働ではなく、特別な経験となるかもしれない。そして、自分が作った米を実際に食べられたら、どう感じるだろうか。これこそが、豊かな暮らしではないか。

すでに展開している家のビジネスや、お客様との共創だけでなく、こうした場をつなぐ「プラットフォーム」を提供していきたい。他にも、ホテルや老人ホームなどもあるかもしれない。だが、良品計画が運営者になるという訳ではない。セゾングループの多角化で痛い思いをしているから、本業以外に手をだすつもりはない。コンセプトやデザイン、部材支給を行うプラットフォームをつくる。そして、プラットフォーム実現には、ブランドがどういう哲学や価値観を持っているかが大事になるだろう。

（２０１４年９月５日、金井政明氏インタビュー）

こうした事業を展開するためには、自社だけの知識だけでなく、先のアドバイザリーボードとの議論や、顧客との共創が重要となるだろう。良品計画はさらに、こうしたプラットフォームビジネスのために、２０１４年上期には事業開発担当を設置した。

図表3-4の良品計画の目標や、価値観には、具体的なビジョン作成のきっかけとなった、社員への想いが込められている。そこでは、社員の永続的な幸せを第一の目標とするとの宣言がなされている。同時に社員には高い目標に挑戦し、やり抜き、達成することで、無印良品の思想を具体化し、良品計画を高収益企業としていくことを求めている。この関係は、図表3-4の下のビジュアルにおいて、循環関係として示される。社員の「幸福」を起点に、「仕事」につながり、それが「風土」になることで、「目標」の達成ができ、そして社員の「幸福」へと循環していく。金井氏は、社員の幸せを第一の目標とした理由を以下のようにいう。

我々の会社は、「無印良品」という思想や概念を社員が常に時代の中で考え具現化する事で成立できる企業です。したがって、この会社の資源は「無印良品」を理解し、考え続ける社員なのです。

（2014年9月5日、金井政明氏インタビュー）

さらに金井氏は、「目標」にある、高収益の指標は売上高でも利益でもなく、ＲＯＥ（株主資本利益率）だという。これは、株主にとっても分かりやすいし、先のプラットフォームビジネスもROEに貢献するものだと説明する[14]。

このように良品計画の長期ビジョンは、西友の一事業として生まれた無印良品の思想ともいえる「創業期のビジョン」、良品計画として初めて策定された「成長期のビジョン」、そして最初のビジョンに追加する形で策定された「再成長期のビジョン」という3段階に分かれて、事業に影響を与えてきた歴史をもつ。

4　まとめ

では、こうした歴史のなかで、良品計画のビジョンは、その事業にどのように指針や影響を与えてきたのだろう。それは、以下の3点に整理できる。

第1に良品計画では、ビジョンに事業領域を規定せず、継続的に製品開発や事業開発を促してきた。成長期のビジョンの「『良品』には、あらかじめ用意された正解はない。しかし、自ら問いかければ、無限の可能性が見えてくる」や、追加された再成長期のビジョンにおいても、

■注

14　2014年9月5日、金井政明氏インタビュー。これらの考え方は、金井・永井（2014）、および「無印良品の目利き力」（『日経デザイン』2014年6月号、44-47頁）も詳しい。

「美意識と良心感を根底に据えつつ、日常の意識や、人間本来の皮膚感覚から世界を見つめ直すという視点で、モノの本質を研究していく」、さらには、「時代の中で、『無印良品』を探求し具現化し続けよう」と抽象的な記述が繰り返され、具体的な事業領域は示されない。これが、絶えざる探求を説く、創業者・堤清二氏の哲学、すなわち消費社会に対するアンチテーゼの継承だといえるだろう。

とはいえ、良品計画では、そのときどきに応じて、このビジョンの抽象性を補完する仕掛けを用意してきた。それは、アドバイザーや顧客との共創であり、この意味で良品計画は「共創的ビジョン」を培ってきたといえるだろう。西友時代の創業期から再成長期のいずれにおいても、良品計画ではアドバイザーや顧客との共創があった。顧客との共創については、創業期には商品科学研究所、成長期には消費者室、そして再生期にはくらしの良品研究所と、その声を受けとめる体制を整えてきた。アドバイザーとの共創については、とりわけ再成長期に、より位置づけが強化されたアドバイザリーボードミーティングが重要で、アドバイザーと価値観を共有しながら、具体的な事業の方向性を示すビジョンは、共創的に創造されたビジョンのひとつのあり方だといえよう。アドバイザリーボードミーティングでの議論をもとに、無印良品のメッセージとして、毎年発信される企業広告は、無印良品が未来に向かう姿勢を指し示す。この「共創的ビジョン」を社員が共有するなかで、事業が具体化していく。

第2に、良品計画では、改革時にはビジョンの見直しや、策定は行われず、改革後あるいは成長している時期に策定や追加がなされている。最初の危機にあって、販売から生産までの仕組みを改革した木内政雄氏は、その改革時にビジョン策定を行っていない。同じく、次なる危機に、脱セゾン文化を掲げビジネスモデルを見直したうえで、マニュアルを整備し仕組みを改革した松井忠三氏も、ビジョン策定を行っていない。両者とも現場の巡回を優先し、現場の問題点を見極めた上で、ビジネスモデルを見直し仕組みの改革に徹してきた。松井氏は、実践のなかでこそ風土が変わっていくという。社員が仕組みをもとにしたマニュアルを実践するなかで、意識を徐々に変化させていき、自然と文化が変わっていくというのである。

そもそも、ビジネスモデルが世の中のニーズと合わなくなっているから業績が悪化しているのであり、社員の意識だけを変えようとしても根本的な解決になりません。ビジネスモデルを見直して、それから仕組みをつくっていく。その仕組みに納得して、実行するうちに、人の意識は自動的に変わっていくものなのです。

この順番が間違っていると、せっかくの改革もムダに終わってしまいます。本質的な部分から着手しないと、根本的な改革は実現できないのです。

（松井（2013）、47頁）

第3に、良品計画では、ビジョンは、成長の循環に向けて社員に対しての想いを伝えるものであり、同時に社員の行動や意識を変え挑戦を求めるものであり、企業と社員とのコミットメントになっている。金井政明氏は、良品計画にとって社員の幸せが最重要であることを明らかにした上で、社員が良品計画を好きになって、自らの仕事に誇りをもてるようビジョンを追加した。同時に、社員には、顧客の期待を超えるような高い目標を自ら掲げて挑戦し達成できるよう、社員の意識や行動変化を求める。実際に、現在のビジョンをうけて、社員の行動が変化しつつある。現場での社員の挑戦こそが、好調の主要因なのだと、金井氏は説明する。

我々流通の世界では「現場」が非常に重要です。現場が自分たちの仕事と役割に誇りを持ちながら、社会に対して正しいことをできているんだという価値観を共有できていないといけません。

今、その方向でかなりまとまりが出てきています。我々が目指している「感じ良いくらし」にどんな商品が必要か、売り場の空間デザインやBGM、什器、ビジュアルマーチャンダイジングがどうあるべきかという議論をずっと続けてきて、さらに、そういった商品を単に陳列するだけではお客様に伝わりにくくなっている領域もあるので、現場がインテリア・アドバイザーやファッション・アドバイザーなどの資格の勉強をしてスキルを磨くことで、よりお客様の役に立とうとしている。そんな「現場力」が高まっていることが要因だと思っています。

（「無印良品の目利き力」『日経デザイン』２０１４年６月号、44頁）

働く現場、そして暮らしの現場。良品計画にとってのビジョンの役割は、消費社会の空疎な現実の対極にある、われわれが生きる現場の真実を響きあわせることなのかもしれない。

■インタビュー

２０１２・11・５　於U.P.n.P.

株式会社U.P.n.P.　代表パートナー 木内政雄氏

２０１４・９・５　於良品計画本社

株式会社良品計画　代表取締役社長 金井政明氏

■参考文献

川嶋光（１９８９）『西友・商品企画部――コンセプトを売る 付加価値を創る』世界文化社。

堤清二（１９９６）『消費社会批判』岩波書店。

堤清二・三浦展（２００９）『無印ニッポン――20世紀消費社会の終焉』中公新書。

金井政明・永井一史（２０１４）「無印良品のデザインは、質と美しさを持った普通を探り当てる作業」博報堂コンサルティング・HAKUHODO DESIGN（2014）『経営はデザインそのものである』ダイヤモンド社、233-251頁。

田中一光・小池一子・川上嘉瑞・柚木久子・竹内桃子（1988）『無印良品の本』リブロポート。

西川英彦（2006）「品揃え物概念の再考――無印良品の事例研究」『一橋ビジネスレビュー』第54巻第1号、84-97頁。

西川英彦・本條晴一郎（2011）「多様性のマネジメント――無印良品のクラウドソーシング」『マーケティングジャーナル』第30巻第3号、35-49頁。

松井忠三（2013）『無印良品は、仕組みが9割――仕事はシンプルにやりなさい』角川書店。

流通企業研究会（1996）『「無印良品」のモノづくり発想』オーエス出版。

流通産業研究所監修・スミス編（1986）『無印良品〈白書〉』スミス。


『朝日新聞』2002年1月11日夕刊。

『株式会社良品計画2014年2月期決算説明会資料』良品計画。

『株式会社良品計画DATA BOOK 平成25年3月1日~平成26年2月28日』良品計画。

「堤清二氏［セゾンコーポレーション会長］」『日経ビジネス』1996年10月21日号、71頁。

「無印良品の目利き力」『日経デザイン』2014年6月号、18-47頁。

デジタル大辞泉（小学館）ホームページ http://daijisen.jp/digital/index.html　2014年10月1日アクセス。

良品計画ホームページ http://ryohin-keikaku.jp/　2014年10月1日アクセス。

■第４章

サントリー

ビジョンの継承で市場を拓く

1　サントリーの歴史

本章では、サントリーが自社の「理念の体系」として掲げているビジョンの特徴、そして、このビジョンが同社の歴史のなかでどのように受け継がれ、磨き上げられてきたかを検討する。まずは、サントリーの歴史を簡単に振り返ることから話をはじめよう。

サントリーグループ（以下、サントリーと記す）は、サントリーホールディングス株式会社とその傘下にある企業群からなる。グループが純粋持株会社制に移行し、サントリーホールディングスが設立されたのは２００９年である。

サントリーの歴史は１８９９年（明治32年）に、鳥井信治郎氏が、大阪で甘味葡萄酒の事業を興したことからはじまる。信治郎氏が興した鳥井商店は、１９０６年に寿屋洋酒店に名称を変更。翌年に「赤玉ポートワイン」を発売する。寿屋は１９２１年に株式会社化を果たすとともに、１９２３年には山崎工場の建設に乗り出し、日本初のウイスキー事業に着手する。

サントリーの１００年を越える歴史を振り返ると、その事業展開の大きな節目と代々の社長の交代が重なることに気づく。初代の鳥井信治郎氏は、創業から第二次世界大戦後の動乱期を通じて、ウイスキーをはじめとする洋酒の販売拡大とともに、組織の近代化を進めた。この洋酒事業は、次男の佐治敬三氏へと引き継がれ、1961年には同氏が寿屋の二代目社長となる。1963年に寿屋はサントリーへと社名を変更。同年には、新たにビール事業に乗り出す。そして1970年代には清涼飲料事業を開始するなど、佐治敬三氏はウイスキーの販売を大きく伸ばすとともに、酒類の枠を超えた多角化を進めていった。

サントリーの経営のバトンは、1990年に三代目社長の鳥井信一郎氏、そして2001年に四代目社長の佐治信忠氏へと手渡されていく。1990年代にはサントリーは、花事業、RTD[1]事業、焼酎事業、健康食品事業など、さらに多様な事業へと挑んでいく。そして2000年代以降には、海外の酒類・食品企業の買収をさらに積極的に進めるようになる。ニュージーランドのフルコア、フランスのオランジーナ、イギリスのルコゼード、ライビーナ、そしてアメリカのビームといった企業や事業の買収がこの時期に行われた。

以上のような歩みを経て、現在のサントリーは、総合酒類食品企業を名乗るとともに、グローバル企業としての存在感を強めている。

こうした目覚ましい事業展開の一方で、サントリーは、社会福祉、教育支援などの社会貢献、

■注

1　RTDとは、Ready to Drinkの略語であり、そのまますぐに飲める缶チューハイや缶カクテルなどの低アルコール缶飲料を表す。（サントリー・ホームページ、ニュースリリース No.11967（2014.2.6））

図表４－１　サントリーの歩み

	できごと	社長
1899年	鳥井商店を大阪市内で開業し、ぶどう酒の製造販売を始める	鳥井信治郎
1906年	寿屋洋酒店に店名を変更する	
1907年	「赤玉ポートワイン」を発売する	
1921年	今宮無料診療所を開設する	
1929年	「サントリーウイスキー白札」を発売する	
1937年	「サントリーウイスキー角瓶」を発売する	
1963年	サントリー株式会社に社名を変更する	佐治敬三
1963年	「サントリービール」を発売する	
1981年	「サントリーウーロン茶」を発売する	
1986年	サントリーホールを開設する	
1993年	「ザ・カクテルバー」を発売する	鳥井信一郎
1993年	「セサミン」を発売する	
1994年	「ホップス<生>」を発売する	
2003年	「天然水の森 阿蘇」にて水源涵養活動を開始する	佐治信忠
2005年	「ザ・プレミアム・モルツ」がモンドセレクション・ビール部門で日本初の最高金賞を受賞する	
2007年	「金麦」を発売する	
2014年	ビーム社を買収する	新浪剛史

そして生活文化を豊かにする文化貢献にも大きな力を注いできた。１９２１年の今宮無料診療所の開設以来、同社は現在に至るまで、保育園、老人ホーム、生物有機化学研究所、美術館、音楽財団、愛鳥運動、水源涵養など、多様な社会貢献、文化貢献に取り組んできた。

そして２０１４年には、同族外の初の社長として、新浪剛史氏の就任が発表された。サントリーは新たな歴史に向けて歩み出そうとしている。

2　サントリーの企業概要

２０１３年度の実績でサントリーの連結売上高は、２兆４０２億円、営業利益は１２６６億円である。サントリー食品など上場を果たしている子会社もあるが、サントリーホールディングスをはじめとするグループの中核会社は非上場を貫いている。

２０１３年度のサントリーの事業別の売上高構成比率は、飲料・食品（清涼飲料・健康飲料・加工食品、等）が55％、ビール・スピリッツ（ビール類・ウイスキー・焼酎・ＲＴＤ、等）が28％、その他（中国事業・ワイン・健康食品・アイスクリーム・外食・スポーツ・花、等）が17％となっており、酒類にとどまらない広範な分野に活動を広げている。国内外の売上高構成比率については、日本国内が75％を占め、海外はアジア・オセアニアが13％、ヨーロッパが8％、アメリカが4％となっている。なお、２０１４年にサントリーはアメリカのウイスキー大手のビームの買収を果たした。このことで、今後は海外売上高の比率が増すとともに、サントリーは蒸溜酒分野で世界第3位のメーカーとなる。

サントリーは、酒類、食品事業にとどまらず、外食、フィットネス、花事業など広範な分野に事業活動を広げてきた。現在のサントリーは、最大の事業分野である食品関連事業において、

図表4-2　サントリーの事業別売上高構成（2013年度）

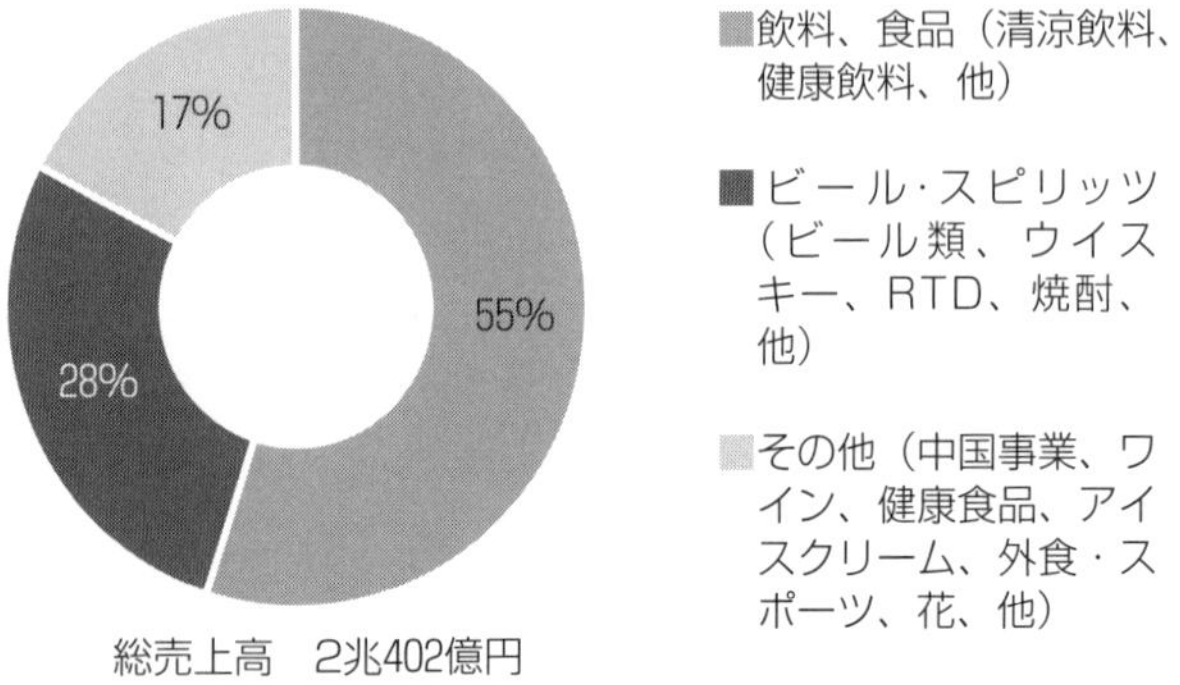

ミネラルウォーター、コーヒー、緑茶、ウーロン茶、炭酸飲料、特保飲料など、飲料カテゴリーで充実した品揃えをもつ一方で、健康食品事業を伸ばしている。酒類関連事業においては、ウイスキー、ビール、ワインなどの洋酒の製造・販売を行うほか、世界のさまざまな銘柄の洋酒類の輸入販売を行っている。外食・スポーツ・花関連事業においては、バー、レストランやファストフードチェーンなどを展開する一方で、フィットネス事業や花事業なども展開している。

3　サントリーのビジョン

企業理念

現在のサントリーの理念は、以下のような体系を成している。図表4-3（130頁）に示すように、同社の理念を束ねるのは、企業理念の「人と自然と響きあう」

である。そしてこれと一体の関係にあるのが、目指す姿の「Growing for Good」（Good Companyを目指して成長し続ける）である。サントリーホールディングス社長（当時）の佐治信忠氏は、次のように述べている。

サントリーグループは、「人と自然と響きあう」という企業理念のもと、豊かな生活文化や地球規模での環境への貢献を果たしながら、よりよい商品・サービスをお客様のもとへお届けする「Growing for Good」な企業を目指しています。

（『サントリーグループＣＳＲレポート（２０１４）』）

世界中の人々、そして自然との共生に取り組むなかで成長していく。これが、サントリーがビジョンとして掲げている、未来に向けた挑戦課題である。

先に見たように現在のサントリーは、総合酒類食品企業を名乗るようになっている。総合酒類食品企業とは、現在のサントリーの姿である。一方、「人と自然と響きあう」との〈ミッション〉のもとで「Growing for Good」を進めるという〈ビジョン〉は、サントリーが未来に向けて実現していこうとしている挑戦課題である。

サントリーは、そのビジョン、あるいは理念として、酒類や食品といった現在の事業の枠に限定されない企業のあり方を示している。これは、同社が長い年月にわたって受け継いできた経営の方向感覚だといえる。１９９０年頃の話であるが、当時社長を務めていた佐治敬三氏は、それまでの20年間ほどのサントリーの歩みを振り返り、その方向性を次のように総括している。

何をやっているのかわからんような会社にだんだんしていこう。

（サントリー株式会社編（１９９０）194頁）

この頃のサントリーは、洋酒の会社から、広く人間の生活や文化につながる事業を営む総合企業への脱皮を進めていた。そのなかで佐治敬三氏は、さらに酒類や食品といった枠組みすらも乗り越えていくことを思い描いていたようである。この方向感覚を、現在のサントリーは受け継いでいる。

比較のために、わが国を代表する総合酒類食品企業のアサヒグループとキリングループの企業理念を見てみよう。アサヒグループの経営理念は以下である。

アサヒグループは、最高の品質と心のこもった行動を通じて、お客様の満足を追求し、世界の人々の健康で豊かな社会の実現に貢献します。

（アサヒグループホールディングス・ホームページ）

キリングループは、「食と健康」にフォーカスした経営理念を掲げている。

キリングループは、自然と人を見つめるものづくりで、「食と健康」の新たなよろこびを広げていきます。

（キリンホールディングス・ホームページ）

この２大企業グループのビジョンでは、酒類や食品といった産業がアンカーとなっている。キリングループが描く未来の自社のあり方は、「食と健康」、すなわち酒類や食品、そして医薬といった産業の枠のなかにある。アサヒグループの理念は、より抽象度が高い。とはいえ、そこには「最高の品質」という、ものづくりへの強いこだわりを思わせる言葉が掲げられている。この点でアサヒグループの理念もまた、酒類や食品を中心とした製造業へのこだわりを強く感じさせるものとなっている。

3つの価値観

サントリーの理念の体系に戻ろう。サントリーは、特定の産業にとらわれない姿勢を掲げている。そして、その企業理念と目指す姿にどのように挑んでいくかを示すのが、同社の３つの基本となる価値観である。これらもまた、産業の枠に縛られない内容となっている。

図表4-3　サントリーグループの理念の体系

『サントリーグループCSRレポート2013』をもとに筆者作成

第1は、「チャレンジ精神――『やってみなはれ』」である。これは、新しい市場を果敢に切り拓いていくということである。第2は「社会との共生――『利益三分主義』」である。これは、事業で得た利益の一部を必ず社会に還元するということである。第3は「自然との共生」である。これは、自社の事業を自然と調和した持続可能なものとしていくということである。

後述するように、この「やってみなはれ」「利益三分主義」「自然との共生」という3つの価値観は、サントリーという企業が100年を越える歩みのなかで育み、継承してきたものである。そしてこの3つの価値観を、これもまた同社の歴史のなかで育まれてきた「人と自然と響きあう」「Growing for Good」という企業理念と目指す姿がまとめあげ、そのことによって、サントリーの未来への歩みの方向性が示される。この体系がサントリーのビジョンであり理念である。こうした理念の体系化は、個をつぶし合う妥協ではなく、個を響き合わせる調和を目指す企業姿勢を反映しているように思える。

　サントリーの理念の体系に示されるバランス感覚については、次のような指摘もできる。ビジョンというものに関するひとつの理解として、「企業の構成員の求心力となる理想を語った表現」という定義がある。より具体的には、ビジョンとは、①未来に向けて提供していこうとしている製品・サービス、あるいはそこから生み出される新しい社会のイメージであったり、②未来に向けて守り抜こうとする組織のあり方であったりする（House & Shamir（1993）；Baum Locke & Kirkpatrick（1998）；Collins & Porras（1994）訳118-128頁）。

　サントリーの理念の体系は、このビジョンのあり方の2つの側面を踏まえつつ、その融合化をはかったものだといえる。すなわち、「人と自然と響きあう」「自然との共生」は、サントリーが提供する製品・サービスを通じて、未来においてどのような社会を実現していこうとしているかを示している。「人と自然と響きあう」ために、サントリーは未来に向けて「自然との共生」にかなう製品・サービスを提供し、新しい社会の出現に貢献していこうとしているのである。

一方、「Growing for Good」「やってみなはれ」「利益三分主義」は、サントリーが大切なものとして受け継いできた組織の行動原理を語っている。「Growing for Good」を実践するために、サントリーは未来に向けて「やってみなはれ」「利益三分主義」の精神にのっとった企業活動を続けていこうとしている。

このようにサントリーの理念の体系では、ビジョンというものの2つの側面がバランスよくブレンドされている。

ビジョンの体系化

サントリーは、新しい市場を拓くチャレンジ精神で知られる。「やってみなはれ」は、創業者の鳥井信治郎氏がよく口にしたとされる言葉である。人のやらないこと、新しいことに果敢に挑戦していくという開拓者精神は、組織の重要な価値観として、現在のサントリーに受け継がれている。たとえば、2014年に行われた新浪剛史氏の社長就任発表の席においても、「一言でいえば（新浪氏は）『やってみなはれの人』だ」との評価が語られたりしている（日本経済新聞2014・7・2・朝刊14面）。

現在のサントリーは、グローバル企業としての成長を目指そうとしている。同族以外からの初の社長は、この変化を踏まえたひとつの象徴的な出来事である。しかし、この組織の変化のなかにあっても、サントリーはそのビジョンや理念を変わらぬものとして受け継いでいこうとしているように見える。先の発言にも、このような組織の意志を見て取ることができる。

先に見たように、サントリーという企業グループの商品構成やガバナンスは、１００年を越える歩みのなかで、大きな変化を遂げてきた。一方でそのビジョンや理念については、経営者が変わっても、組織が脈々と受け継いでいくものとの位置づけは揺らいでいない。

今に続くサントリーの活発な社会貢献や文化貢献もまた、鳥井信治郎氏以来の「利益三分主義」の精神に根ざしている。同氏は、事業で得た利益は、事業への再投資、製品・サービスの改善などによる得意先・取引先への還元に加えて、社会の貢献のために用いるものだとの考えをもっていた。この精神は、変わらぬ企業の姿勢として、現在のサントリーの社会貢献・文化貢献に受け継がれている。同様の姿勢を語る「Growing for Good」は、前社長の佐治信忠氏が、経営方針などを語る際にしばしば口にしてきた言葉である。

上述の社会貢献・文化貢献の延長線上にあるといえるのが、現在のサントリーが力を入れる、豊かな自然環境と調和した産業や社会をめざす取り組みである。こうした変化を踏まえて、１９９０年に社名ロゴを改めた際に企業スローガンとして制定されたのが、「人と自然と響きあう」である。さらに２００３年からは、「人と自然と響きあう」が企業理念として用いられるようになった。加えて、２００５年からは、サントリーはコーポレートメッセージとして、

「水と生きる」を掲げるようになる。

ところが、これらのビジョンの相互の位置づけについては、サントリーの社内でも長らく公式に検討されることはなかったという。図表4-3に示したようなサントリーの理念の体系が定められたのは、2011年のことである。たしかに、それ以前のサントリーの社内においても、これらの言葉――すなわち「人と自然と響きあう」「Growing for Good」「やってみなはれ」「利益三分主義」「水と生きる」――は、自社の組織文化や基本姿勢を表す言葉として広く受け入れられていた。しかしそれらは、慣用的に受け継いできた創業者の言葉であったり、企業理念であったり、コーポレートメッセージであった。そして、これらの言葉の相互の位置づけについては、社内でも暗黙の理解にゆだねられており、スローガンの乱立のようにも見えた。

自由闊達な企業であればこそ、その求心力となるビジョンや理念は、雑草のように社内で自然発生的に生い茂っていく。だからこそ、時には立ち止まって、ビジョンや理念を刈り整える作業が必要となる。なぜなら、ビジョンや理念というものは、組織の多くの構成員に確実に共有されるべきものである以上、単純明快であるにこしたことはないからである。特にサントリーの場合は、2000年代以降にM&Aなどによる事業のグローバル化が進んだ。そのなかで、ビジョンや理念の複雑化、すなわち組織の新たな構成員にとってのわかりにくさという問題が、社内より提起され、その整理が進められた。

この理念の体系化の作業を担ったのは、ＣＳＲ推進部のメンバーである。ＣＳＲ活動の一環として国内外でのビジョンや理念の説明にかかわってきた彼らは、このわかりにくさの問題に直面することが多かった。そこで社内の了解を得て、ＣＳＲ推進部が中心となり、新たな企業理念のあり方の検討がはじまったのである。

この策定の作業は、さまざまな企業のビジョンや理念を比較検討する勉強会からはじまった。そのうえでメンバーは、新しい理念の体系の案をつくっては、それでよいかを社内のさまざまな人たちに聞いて回った。新しい理念の体系なのだから、一からつくったほうがよいとの意見も聞かれた。しかし、受け継いできたビジョンや理念に変わる、ユニークでサントリーらしい言葉はなかなか見つからなかった。最終的には、多くの関係者に定着していた「人と自然と響きあう」「Growing for Good」「やってみなはれ」「利益三分主義」の4つの言葉に、コーポレートメッセージの「水と生きる」をより広く言い換えた「自然との共生」を加えた5つの言葉を体系化する道が探られることになった。こうしてまとめ上げられたのが、図表4-3に示した理念の体系である。

受け継がれてきたものに、さらに磨きをかける。このようにして、サントリーの理念の体系は新しい時代に引き継がれようとしている。サントリーにとって、ビジョンや理念とは、受け継ぐものではあるが、墨守するものではないのである。

4　「やってみなはれ」で拓く

市場のないところに市場をつくる

サントリーの理念の体系（図表4-3）は、同社の具体的な事業活動や社会貢献・文化貢献の展開と密接な関係がある。サントリーの理念の体系は、従前の事業活動や社会貢献・文化貢献の蓄積を反映したものであると同時に、これらの活動を新たな未来に向けて導く役割を果たしてきた。そして、この理念の体系のなかにおいて、理念という抽象的な概念と、活動という具体的な行動とをつなぐ役割を果たしてきたと目されるのが、「やってみなはれ」「利益三分主義」「自然との共生」の3つの価値観である。続いて、これらの価値観が、サントリーの歩みをどのように導いてきたかを振り返っていこう。

「まあ、そう言わずに、やってみなはれ。」「やるだけのことはやりなはれ」

サントリーの創業者の鳥井信治郎氏は、よくこのように口にしていたという。とはいえ、信治郎氏やその息子の佐治敬三氏が、この「やってみなはれ」を、サントリーの開拓者精神やチャレンジ精神の本質を端的に表現する言葉と位置づけていたかは不明である。「やってみなはれ」を、サントリーの価値観の象徴にまで持ち上げたとされるのは、作家であり、若き日には寿屋の宣伝部員であった開高健氏と山口瞳氏である。両氏がサントリーの依頼を受けて執筆、編集にかかわった70周年史のタイトルを『やってみなはれ』としたことで、この言葉は、組織が継承すべき価値観としての位置づけを獲得する[2]。このように、企業の価値観としての「やってみなはれ」は、最初からビジョンとしてサントリーに君臨していたわけではなく、歴史のなかでの再評価を経て、組織のなかで掘り起こされ、培われてきた言葉なのである。

「やってみなはれ」を、劇作家で評論家の山崎正和氏は「これほど商人魂を鮮やかに要約した言葉はない」と評している（山崎（1999））。山崎氏が、商人魂と呼ぶのは、需要のないところに需要を生み、市場のないところに市場をつくるという、冒険的な起業家活動の精神であ

■注

2　鳥井信治郎氏が死去した1962年に、佐治敬三氏は亡き父の思い出をつづったエッセイ「洋酒に生き洋酒に死す」を『文藝春秋』に寄稿している。そのなかで、新しい市場を果敢に切り拓いていく信治郎氏の行動は、「度胸と執念」と評されている（佐治（1962））。だが、そこには「やってみなはれ」という言葉は出てこない。なお、このエッセイのなかで信治郎氏は、「やってみなはれ」の対語といえる、「やってみなわからん」という言葉を口にしている。しかしそれは、敬三氏ら大学出の息子たち（信治郎氏は、高等教育は受けていなかった）を、「理屈やない」と信治郎氏がやり込める場面で語られる言葉であり、新しい市場を果敢に切り拓いていく開拓者精神とは少し異なる場面での発言である。すなわち、「やってみなはれ」「やってみなわからん」が信治郎氏の口癖であったことはうかがわれるのだが、この時点ではまだ、この言葉はサントリーの開拓者精神やチャレンジ精神の象徴とは位置づけられていなかったようなのである。坪松博之氏が、サントリーの70年史との絡みで「… 開高は『やってみなはれ』は単なる創業者・鳥井信治郎の口癖ではなく、信治郎からサントリーという企業体に受け継がれた言葉として位置づけてしまった」と述べているのも、むべなるかなと思わせられる（坪松（2014）321頁）。

る。

起業家の行動原理としてエフェクチュエーションを提唱したS・サラスバシ氏が指摘するように、新たな需要や市場の生成とは、既知の法則の再現に終始している限りは生じることのない現象であって、企業あるいは起業家が、偶然に呼応しながら、相互依存的な社会関係を新たにつくりあげていくことによって生じる（Sarasvathy（2008））。この事前の完全な予測が成り立たない――つまり、やってみないことにはわからない――プロセスを前進させようとすれば、理屈の前に行動することを説く「やってみなはれ」の精神が、理屈に合った行動原理となる。サラスバシ氏もまた、「レモネードの原則」（目の前にレモンがあるなら、レモネードをつくれ！）という格言が、こうした未知に挑む局面では重要となることを指摘している。

国産ウイスキーへの挑戦

サントリーの事業の原点となるのは、1907年に寿屋が発売した甘味葡萄酒、「赤玉ポートワイン」だといわれる。鳥井信治郎氏の創意がつくりあげた味と品質、そしてセールスプロモーションから新聞広告に至る多面的な販売・宣伝活動が相まって、「赤玉ポートワイン」は売れ行きを伸ばしていく。そして同社の宣伝部は優れた才能を集め、わが国の広告史を飾る多くの傑作を残していく。

甘味葡萄酒とは、輸入した生葡萄酒に、香料と甘味料を加えたものである。鳥井信治郎氏がこのような調合を行ったのは、輸入された本格的な葡萄酒は、当時の一般的な日本人の口には合わなかったからである。この時代に本格的な葡萄酒を販売しようとすれば、一部の特権的な階層に向けて販売するというのが、堅実な選択だったはずである。しかし信治郎氏は、まだ存在していない需要を信じ、広く大衆のなかにそれを実現していく道を選んだ。

1920年代には、寿屋はさらに山崎工場を建設し、ウイスキー製造に乗り出す。この国産ウイスキー製造への挑戦には、当時の役員がこぞって反対したと伝わる。相談を受けた何人かの財界人たちも反対した。リスクが大きすぎるというのが、常識的な判断だったのである。

反対の理由はいくつかあった。まず当時、本格的なウイスキーづくりは、スコットランド以外の土地では不可能だといわれていた。そして蒸溜所の建設には多額の資金が必要であるうえ、ウイスキーをつくるには長期間原酒を寝かせることが必要だった。つまり資金回収に時間がかかる。加えて、ようやくできあがったウイスキーの樽を開けたときに、必ずいいものができあがっている保証はない。さらにいえば、当時の大多数の日本人にとってウイスキーは馴染みのない酒である。

こうした反対に直面した鳥井信治郎氏は次のように語ったという。

わしには、赤玉ポートワインという米のめしがあるよって、このウイスキーには儲からんでも金をつぎ込むんや。自分の仕事が大きくなるか小さいままで終わるか、やってみんことにはわかりまへんやろ。

（杉森（1966：1986）99-100頁：サントリー株式会社編（1999）79頁）

蒸溜所の建設から9年、寿屋は待望の「サントリーウイスキー白札」を1929年に発売する。正統なスコッチ製法による国産初の本格ウイスキーである。

だが、この「サントリーウイスキー白札」は、思うようには売れなかった。寿屋は、1930年には「赤札」、32年には「特角」を発売し、商品のバリエーションを拡大したが、販売不振が続いた。経営への影響は大きく、資金が底をつき、1931年にはついにウイスキーの原酒の仕込みができなくなった。同社の最大の危機のひとつといわれる。

常識はある意味で正しかった。たしかに赤玉ポートワインに集中していれば、経営は安泰だった。しかし、それでは小さな会社で終わってしまう。不可能に見えるようなことでも、やれば何とかなるかもしれないのであり、やらなければそのままで終わってしまう。この不作為を戒めるのが「やってみなはれ」である。この時期の寿屋と鳥井信治郎氏の行動を見ていると、それが彼らの行動原理であったことがよくわかる。

この危機の時期に、鳥井信治郎氏は、ウイスキーに通じた専門家を訪ね歩き、自社のウイスキーの問題点を洗い出しては、その改善に繰り返し挑んだ。寿屋の営業マンたちも、昼間はカフェーの裏口からウイスキーの売り込みに行き、夜は表から飲みに行くといったマッチポンプを繰り返した。信治郎氏自身もポケット瓶をいつも持ち歩き、宴会の席などでは客に注いで回り、意見を聞いたり、推奨したりすることを欠かさなかった。さらに寿屋は、このウイスキーの製造・販売に前後する時期に、練り歯磨き、調味料、ビール、リンゴ酒など、より短期で収益の出る事業に手を広げていく。赤玉ポートワインからの利益に加えて、これらの事業からの利益、あるいは売却益を得ることで、寿屋はウイスキーが売れない苦しい時期をしのいだ。

試行錯誤を経て、ようやく日本人の嗜好に合うウイスキーを送り出すことができたのは、「白札」の発売から8年が経過した１９３７年である。この年に発売された「サントリーウイスキー角瓶」は人気を博し、１９３９年には売れすぎて、今度は原酒が不足するようになった。背景には、国際情勢の変化もあった。世界が戦時体制に向かうなかで輸入が細り、国内では本格的なウイスキーはサントリーしか飲むものがなくなってしまっていたのである。ともあれ、寿屋の経営は危機を脱する。

時代の動きは急である。日本が突入していった第2次世界大戦の空襲は、寿屋の本社、そして生産の拠点だった大阪工場の大半を焼き尽くす。しかし、山崎工場とそこに眠る原酒は戦火を免れた。戦後の同社は、「トリスウイスキー」を中心に、積極的な販売・宣伝活動を展開する。サントリーのウイスキーは、さらに多くの人々に親しまれるようになり、事業は急成長を遂げる。

個性を選択する豊かさの実現

葡萄酒やウイスキーといった洋酒は、今でこそ日本人の生活に浸透している。しかし洋酒というのは、古来日本人に親しまれてきた酒ではない。以上で見てきたように、サントリーの初期の洋酒事業は、まだ存在していない需要を信じ、大衆のなかにそれを実現していこうとする挑戦だった。

1961年の寿屋時代に進出を表明した、同社のビール事業についても、同じことがいえる。この頃には国内でも、キリン、アサヒ、サッポロの3大ブランドのもとでビール市場はすでに大きなものとなっており、大手3社による寡占状態だった。とはいえ、ヨーロッパの伝統的なビールは地方ごとにさまざまなタイプがあるのに対し、大量生産される当時の日本のビールは、どれも似た味だった。ビールの個性を選択するという豊かさを、日本において実現させる。サントリーのビール事業は、この存在していなかった需要の実現に挑んできた。

1963年に新たに市場に送り出した「サントリービール」は、それまでの日本の主流のビールとは異なるデンマークタイプだった。その後も1967年には、ミクロフィルター技術で新鮮な生のうまさを保った「純生」を、1986年には、麦芽100%ビールの「モルツ」を、そして1994年には、発泡酒の「ホップス」を発売するなど、サントリーは、日本のビール市場の新しい局面をひらく商品を投入していく。

常識的には、ビールのような寡占市場への後発での参入は難しい。しかし佐治敬三氏からビール事業への参入の意志を打ち明けられた鳥井信治郎氏は、このときも「やってみなはれ」とつぶやいたという。

まずビール事業への参入は、当時の寿屋にとって、従前のレベルを超える巨大な装置産業への挑戦だった。微生物管理、生産管理、在庫管理など、いくつも課題を克服しなければならなかった。さらなる難関は流通だった。当時は特約店制度が行き渡っていて、ビールについては一社の商品だけを専売するというのが強固な商習慣だった。サントリーの洋酒を扱っているからといって、日頃の馴染みでサントリーのビールも取り扱ってくれるわけではなかったのである。

1962年の暮れに佐治敬三氏は、朝日麦酒社長（当時）の山本為三郎氏を訪れ、アサヒの販売網にサントリービールを乗せることを依頼した。山本氏がこの依頼を受け入れたことで、サントリービールは窮地を脱する。だがこの話には前段がある。山本氏と鳥井信治郎氏は幼なじみだった。信治郎氏は同年の2月に死去していたのだが、亡くなる前の病床で、東洋製罐の創業者の高碕達之助氏に、困難が予想されるビール事業への協力を依頼していた。そして高碕氏は、信治郎氏の葬儀の日に山本氏を訪れ、故人の生前の言葉を伝えて、協力への承諾を引き出していた。信治郎氏の行動原理──「やるだけのことはやってみる。そこから活路が開けることがある」──の発現をここにも見ることができる。

しかし苦難はさらに続く。1963年に発売した「サントリービール」の販売は低迷した。ビールの愛飲家の一割くらいはこの新しいビールの味を気に入ってくれるとの見通しは外れた。流通についても、山本為三郎氏のはからいで、卸こそは受け入れてくれたが、仲卸、酒販店、飲食店と、川下に向けてスムーズに商品が流れるわけではなかった。これらについては、サントリーの営業マンが一店一店攻略していかなければならなかった。

その後のサントリーのビール事業については、「生」への挑戦などを経て、販売が上向いてはいくが、黒字化は遠い道のりだった。発泡酒や第3のビールの投入、そしてプレミアムビールへの注力により、2008年になってサントリーのビール事業は、初めて黒字化を達成する。

しかし、この間のサントリーのビール事業は、同社の負の資産であり続けたかというと、そうとも言い切れないところがある。ビール事業への参入によって得た装置産業のノウハウや商品開発力は、サントリーが後に参入した清涼飲料事業で活かされていく。先に見たように、現在のサントリーでは、この清涼飲料事業を中心とした飲料・食品事業の売上高が、酒類関連事業を上回るようになっている。ビール事業で収益をあげることだけを、ビール事業への参入の目的とするのではなく、プロセスで生まれる価値を見逃さずに、柔軟に目的を切り替えていく。やってみないことにはわからないとは、こういう展開をも指すのだろう。

企業の行動原理としての「やってみなはれ」の精神は、現在のサントリーにも受け継がれており、健康食品の「セサミン」、緑茶飲料の「伊右衛門」、特保食品の「黒烏龍茶」、ウイスキーの「角ハイボール」など、従前とは異なるマーケティング・モデルによる、新しい市場の開拓が続いている。2013年からは人材育成の制度においても、「チャレンジ目標」を導入し、社員一人ひとりが向上心をもってより高い目標に挑戦する「やってみなはれ」のさらなる定着をめざしている。

5　「利益三分主義」で育む

サントリーの創業者の鳥井信治郎氏は、事業に貪欲な人だったが、商売一辺倒ではなかった。信治郎氏は、篤い信仰心とともに、他者への思いやりと社会奉仕の心情を忘れなかった。全国の寺社への寄進、匿名での苦学生への奨学金提供などを、創業期から行っていた。

この創業期には、貧しい人たちへの餅配りが年越しの恒例だった。正月を自分たちだけでなく、生活に困っている人たちとも一緒に祝いたいというのが信治郎氏の思いだった。店と自宅の双方で二日がかりで餅をつき、さらに餅だけではなく、着物も配られた。着物については、クニ夫人が社員の夫人たちに呼びかけ、仕入れた反物を一同で縫い上げていたという。

さらに株式会社化を果たした1921年には、鳥井信治郎氏は、長らく途絶えていた比叡山延暦寺の安鎮国家法の御修法を復活させたり、生活困窮者に対する今宮無料診療所を大阪市内の愛隣地区の一角に開設したりしている。その後も1923年に豊崎診療院、1921年に此花診療院開設を大阪市内に開設している。

これらの社会福祉事業は、「邦寿会」という社会貢献組織に統合化され、第2次世界大戦後には、身寄りのない海外引き揚げ者のための寮施設の運営に乗り出したりしている。その後は、国民皆保険制度が整うなどの社会の変化を受けて、事業のスクラップ・アンド・ビルドが進められた。現在の邦寿会は、サントリーの支援を受けながら、社会福祉法人として複数の高齢者福祉施設と保育園を運営している。

こうした創業期からの社会貢献は、鳥井信治郎氏の「会社の利益は社会に返す」との思いに根ざしている。この思いは、理性的な思考というよりは、心の内からほとばしり出る、やむにやまれぬ感情に近いものだったという。そして、この心情を行動原理化したものが「利益三分主義」――すなわち、商売による利益は、人様のおかげだと考え、三分の一を社会に還元し、三分の一を顧客や得意先にサービスとして返し、残りの三分の一を事業資金とするという考え――である。

「利益三分主義」の精神は、その後のサントリーに受け継がれ、社会貢献から文化貢献へと活動を広げていった。1946年には（財）食品化学研究所を設立。これは、有機化学分野を中心とした基礎研究のための財団であり、社会教育的な性格を前面に出したところに特徴があった。開設当初には、家庭向け科学雑誌『ホームサイエンス』を発行し、広く社会への科学知識の普及にも努めている。この財団は後に、財団法人サントリー生物有機化学研究所を経て、2011年には公益財団法人サントリー生命科学財団へと移行。現在も活動を継承している。

1961年には、創業60周年を記念したサントリー美術館を開館し、サントリーは、「生活の中の美」を理念にかかげて独自のコレクションを充実させていくとともに、独自の企画による数々の展覧会を開催するようになった。1969年には、創業60周年を記念して鳥井音楽財団（1978年よりサントリー音楽財団）を設立。日本の洋楽の発展に貢献した日本人を対象とした「サントリー音楽賞」の授与をはじめ、数々のコンサートの開催、作曲の委嘱などを行ってきた。さらに1979年には、創業80周年を記念してサントリー文化財団を設立。人文科学・社会科学を対象とした「サントリー学芸賞」の授与をはじめ、数々の研究助成、国際シンポジウムの開催などを行ってきた。

そして1986年には、ウイスキーづくり60周年、ビールづくり20周年を記念したサントリーホールを開館。わが国におけるクラシック演奏の殿堂として、数々の世界的な音楽家が舞台に立ち、名演奏を繰り広げてきた。2009年には創業110周年を記念して公益財団法人サントリー芸術財団を創設し、サントリー美術館、サントリー音楽財団（「音楽事業」に改称）、そしてサントリーホールなど、芸術分野における事業の運営を新財団のもとに統合した。2012年には、ウィーン・フィル&サントリー音楽復興基金が、サントリー芸術財団のなかに新たに設けられた。

そのほかにも、「サントリー1万人の第九」「サントリーレディースオープン」など、数多くの文化・スポーツイベント支援、さらには地域社会支援や東日本大震災などの復興支援をサントリーは続けている。

6 「自然との共生」で引き継ぐ

以上の社会貢献、文化貢献に加えて、20世紀の後半からのサントリーは、自然との共生を意識した取り組みを拡大している。1991年には環境室と環境委員会を社内に設置し、

１９９７年に「サントリーグループ環境基本方針」を制定した。２０１４年には「環境ビジョン２０５０」を定め、エコ戦略部のもとで、現在は「環境負荷削減」と「自然環境の保全・再生」の２つの面から環境経営の強化を進めている。

この新しい方向性は、人類が地球規模で直面している課題に対応したものであると同時に、サントリーの事業の多くが水や農作物などの自然の恵みのうえに成り立っていることを踏まえたものである。このような考えと取り組みの蓄積が、自然のいとなみに感謝するとともに、豊かな自然環境を次世代に手渡すことを大切な責務と考える現在のサントリーの価値観、「自然との共生」につながっている。

環境負荷削減については、現在のサントリーは、グループ各社における商品の企画・開発から、廃棄・リサイクルに至るまでのライフサイクル全体での環境影響を定量的に把握し、環境負荷を低減する活動に取り組んでいる。現在のサントリーの取り組みの重点は、自社の工場やサプライチェーンにおける水使用やCO_2排出の削減にある。また、国内外でＩＳＯ１４００１を取得し、環境リスクの評価、環境会計の導入などを進めている。

自然環境の保全・再生については、サントリーの古くからの取り組みとして、１９７３年から今日まで続く「愛鳥活動」がある。鳥を守ることとは、人の暮らす環境を守ることにつながる。このような思いからサントリーでは、ウイスキーづくり50周年の記念事業として、１９７３年に「愛鳥キャンペーン」を開始した。これは、野鳥のイラストを使った意見広告を、日本鳥類保護連盟の指導を受けて作成し、毎年5月の愛鳥週間に新聞各紙に掲載するというもので、１９８５年まで12年間続いた。同年の１９７３年には、白州蒸溜所の敷地の3分の2にあたる50haをバードサンクチュアリ[3]として開園した。１９７７年には梓の森工場の敷地にもバードサンクチュアリが設けられた。さらに１９９０年には、創業90周年を記念して「サントリー世界愛鳥基金」を創設。これ以降サントリーは、国内外のさまざまな鳥類保護活動の活動資金を助成していく。当初からの「鳥類保護団体への活動助成」部門に加えて、２００６年には「地域愛鳥活動助成」部門、２０１４年には、「水辺の大型鳥類保護」部門を新たに設けるなど、その拡充が進んでいる。

自然環境の保全・再生にかかわるサントリーの現在の取り組みの大きな柱は、「天然水の森」である。「天然水の森」は、２００３年のサントリー九州熊本工場ではじまった。これは、同社の工場で使う地下水の水源涵養エリアにおける森林整備を、国や自治体、そして地権者などと協力しながら進めるという取り組みで、現在では全国17カ所、７６００ha超に広がっている。さらに今後は、自社工場で使用する地下水を育むのに必要な森林面積の2倍となる1万２０００haへと、サントリーは「天然水の森」の対象エリアを拡大しようとしている。加えて２０１４年には、先の「愛鳥活動」と結びついた「ワシ・タカ子育て支援プロジェクト」

を「天然水の森」で開始した。これは、「天然水の森」を猛禽類が子育てできる環境としていくことを目標としたプロジェクトで、そのねらいは、猛禽類という日本の森の生態系ピラミッドの頂点にある生き物にフォーカスすることで、生態系全体の健全さを養っていくことにある。

さらに、サントリーが力を入れている取り組みに、次世代環境教育の「水育」がある。「水育」は「森と水の学校」からはじまった。「森と水の学校」とは、2004年に九州の阿蘇の大自然のなかで開校した、森と水の大切さを学ぶ自然体験の学校である。小学校3～6年生とその保護者を対象に、現在は「サントリー天然水」のふるさとである白州・奥大山・阿蘇の3カ所で開催している。2013年までの延べ参加者は、約1万5000人にのぼる。2006年には、新たに「出張授業」をはじめた。これは、水と森の大切さを子どもたちとともに学び考える、映像と実験の教育プログラムであり、小学校4・5年生を対象に、小学校の教室に出張して行う。2013年までの延べ参加校は781校、延べ参加者は約6万人にのぼる。

■注

3　サンクチュアリとは、鳥獣類の生息地の保全を第一の目的として確保された区域であり、野鳥と触れ合うなどの自然体験ができる場としても機能する（『ブリタニカ国際大百科事典（2010）』）。

そして現在のサントリーは、事業の源泉となる水を大切にしたい、そして水のようにしなやかなで、立ち止まらずに成長を続ける企業でありたいとの思いから、グループのコーポレートマークに「ウォーターブルー」を採用している。またグループのコーポレートメッセージとしては「水と生きる」を掲げている。

7　まとめ

サントリーは、独自の価値観を受け継ぎながら、歴史を歩んできた。市場から片時も目をそらすことはないが、市場に流されない。このサントリーという企業の歩みは、ビジョンや理念なしには考えにくい。

サントリー社長（当時）の佐治信忠氏は、企業理念や社会貢献とマーケティングのかかわりについて、次のように語っている。

――企業として生きていくトータルの方向性を示す。それが広い意味でのマーケティング活動だと考えている。

（日経流通新聞2005・6・20・3面）

企業理念を提示したり、社会貢献に取り組んだりすることは、短期的な販売には直結しないかもしれない。しかし、未来の社会に向かう企業の姿勢を内外に示し、コーポレートブランドの価値向上をはかることは、企業にとっての長期的なマーケティングを支えるバックグラウンドとなる。先の佐治信忠氏の発言は、このような考えを踏まえてなされている。

長期的な事業展開において、マーケティング・リサーチはひとつの限界に直面する。目の前の市場を支配している法則を、リサーチを通じていかに精緻にとらえても、それは未来の新しい市場において出現する法則ではない。未来の市場の創造には、眼前の市場への適応とは異なる行動原理が求められることになる（栗木（2012：2014））。市場のないところに市場をつくる。サントリーは、このマーケティング・イノベーションへの挑戦を繰り返してきた。その挑戦の歩みを振り返ることで、ビジョンや理念には、未来の市場を拓くマーケティング・イノベーションを支える役割があることに気づく。

ビジョンや理念とは、企業が主体的に定める、未来へ向かう意志の表明である。振り返れば、サントリーという企業は、創業者の鳥井信治郎氏以来、自社が提供しようとしている未来の商品、そしてそこからもたらされる新しい社会の姿、さらには守り続けていこうとする組織の行動原理を示し、受け継ぎ、磨き上げることに熱心であった。そして、このビジョンや理念を大切にする姿勢が、流されずに市場と対峙するサントリーの体勢を支えてきたといえるだろう。

これは、理屈ではなく、組織にとってのやむにやまれぬ感情のようなものであったのかもしれない。とはいえそこには、経営におけるひとつの合理性がある。

未来はわからない。しかし、流されるだけでは、市場は拓けない。そして、この問題を乗り越える答えは、直面する市場のなかにはない。だからこそ、経営にはビジョンや理念が欠かせないのである。

■インタビュー

２０１４年５月13日、および８月５日　於サントリーワールドヘッドクォーターズ

サントリーホールディングス株式会社　コーポレートコミュニケーション本部　ＣＳＲ推進部長　北枡武次氏

■参考文献

Baum, J. Robert, Edwin A. Locke & Kirkpatrick（1998）, "A Longitudinal Study of the Relation of Vision and Vison Communication to Venture Growth in Entrepreneurial Firms," *Journal of Applied Psychology*, Vol. 83, No. 1, pp.43-54

Collins, Jim and Jerry I. Porras（1994）*Built to Last: Successful habits of visionary companies*, HarperCollins Publishers Inc.（山中洋一訳『ビジョナリーカンパニー――時代を超える生存の原則』日経ＢＰ出版セン

ター、1995）

House, R. J. & B. Shamir (1993), "Toward the Integration of Transformational, Charismatic and Visionary Theories of Leadership," in M. Chemers & R Ayman eds. *Leadership Theory and Research: Perspectives and Directions*, Academic Press, pp81-107

Sarasvathy, Saras D. (2008), *Effectuation: Elements of entrepreneurial expertise*, Edward Elgar

海道守（1983）『佐治敬三　挑戦の哲学』ＰＨＰ研究所

株式会社サン・アド編（1969）『やってみなはれ――サントリーの70年Ｉ』サントリー株式会社

栗木契（2012）『マーケティング・コンセプトを問い直す』有斐閣

栗木契（2014）「マーケティング・リサーチは本当に必要なのか」、『プレジデント』第52巻第14号、117-119頁

佐治敬三（1962）「洋酒に生き洋酒に死す――父のウィスキーづくりはその人生の味に似ていた」、『文藝春秋』第40巻第7号、286-293頁

サントリー株式会社編（1990）『夢 大きく――サントリー90年誌』サントリー株式会社

サントリー株式会社編（1999）『日々に新たに〔サントリー百年誌〕』サントリー株式会社

杉森久英（1996：1986）『美酒一代――鳥井信治郎伝』新潮文庫

坪松博之（2014）『壽屋コピーライター　開高健』たる出版

廣澤昌（2006）『新しきこと面白きこと　サントリー・佐治敬三伝』文藝春秋

山崎正和（1999）「サントリーの百年、日本の百年――ある商人魂の系譜」、サントリー株式会社編『日々に新たに〔サントリー百年誌〕』サントリー株式会社、23-51頁

『サントリーグループCSRレポート2013』サントリーホールディングス株式会社
『サントリーグループCSRレポート2014』サントリーホールディングス株式会社
『ブリタニカ国際大百科事典2010』ブリタニカ・ジャパン
日経流通新聞2005・6・20　3面
日本経済新聞2009・6・30　朝刊15面
日本経済新聞2009・6・6　朝刊1面
日本経済新聞2014・7・2　朝刊14面

アサヒグループホールディングス・ホームページ、http://www.asahigroup-holdings.com/, 2014. 7. 25アクセス
キリンホールディングス・ホームページ、http://www.kirinholdings.co.jp/index.html, 2014. 7. 25アクセス
公益財団法人サントリー生命科学財団・ホームページ、http://www.sunbor.or.jp/index.html, 2014. 7. 21アクセス
サントリー・ホームページ、http://www.suntory.co.jp/ 2014. 7. 20, & 2014. 8. 10アクセス
社会福祉法人邦寿会・ホームページ、http://www.houjukai.jp/index.html, 2014. 7. 21アクセス

■第５章

IBM

経営危機からの再生が生んだ長期経営ビジョン

1　ＩＢＭの歴史

本章では、経営危機からの再生プロセスのなかで長期経営ビジョンを再構築し、その後の成長につなげたケースとしてＩＢＭをとりあげる。なお、ここでとりあげるＩＢＭとは日本での事業会社である日本アイ・ビー・エム株式会社ではなく、アメリカ合衆国ニューヨーク州アーモンクに本社を置くIBM Corp.のことである。日本アイ・ビー・エム株式会社はIBM Corp.の子会社、正確にいえば孫会社にあたる。

２０１１年6月、ＩＢＭは創立１００周年を迎えた。この日出版された「世界をより良いものへ変えていく」の冒頭で、当時の会長・社長兼ＣＥＯサミュエル・Ｊ・パルミサーノ氏は「成功する企業を作り上げ、それを持続させ、世界をより良いものにするためには、ＩＢＭの経験から多くのことを学ぶことができるはず」（スペイニー他編（２０１１）前書き7頁）と誇らしげに宣言した。

帝国データバンクの調査[1]によれば、日本には社歴１００年以上の企業、いわゆる長寿企業が2万社以上あるという。文化的背景の異なるアメリカではその数は遙かに少ないともいわれるが、ＩＢＭの歴史の価値は１００年という時間そのものにあるのではない。その１００年を通して、常に世界レベルの優良企業であり続けたこと、さらにはこの間に何度も訪れた危機的な状況をその都度克服し、より良い企業へと脱皮を繰り返してきたところにある。

これらの多くの危機のなかでも、１９９０年前半にＩＢＭを襲った大幅な赤字への転落は、同社の歴史のなかで最も深刻な経営危機をもたらした。しかしここからの劇的な立ち直りは、同社に長期経営ビジョンを見直させる契機を与えることとなり、さらにはビジョン策定を業務のなかに組み込むきっかけともなったのである。このような認識に立って、ＩＢＭ創立から経営危機までの歴史を簡単に振り返るところから話をはじめよう。

創設のころ　ワトソン・シニアの時代

ＩＢＭは、タビュレート・マシーンの発明者であるハーマン・ホレリス氏が創業した会社など3社が、１９１１年に統合し創設された。創業当時はパンチカードシステムの専業メーカーではなく、これ以外に計量秤とか肉切り機とかも扱っていた。さらに社名もＩＢＭではなくＣＴＲ（The Computing Tabulating Recording Company）と称していた。

■注

1　帝国データバンク・ホームページ「長寿企業の実態調査（２０１３年）報告書」、http://www.tdb.co.jp/report/watching/press/pdf/p130901.pdf, 2014/08/20アクセス

しばらくしてＣＴＲは現在にまで続く社名、IBM Corp.（International Business Machines Corporation）へと改称する。この時期に経営を担ったのが、ＩＢＭの基礎を築いたトーマス・ワトソン・シニア氏であった。ワトソン・シニア氏はＩＢＭの創業者と呼ばれることがあるが、これは正しくない。この経緯をみるとわかるように、あくまでＩＢＭへの改称時に社長であったことから初代社長なのである。

ともあれ、社名変更以前の１９１４年に彼は経営者の座に就き、その後50年以上にわたってＩＢＭを率いた。その間に、パンチカードシステムを事業の中心に据え、ＩＢＭを強靱な営業組織をもった大企業へと育て上げていく。

そして、優れた業績を在任期間中に達成した経営者の多くがそうするように、自分が去った後も組織が繁栄を持続できることを願って、自らの経営のエッセンスを短い言葉で表現し、後の世代に託した。これが

「個人の尊重」
「最善の顧客サービス」
「完全性の追求」

という三つの「基本的信条」、すなわちＩＢＭの初期の経営ビジョンである。そして、この

基本的信条は、後にパルミサーノ氏が改訂するまで、IBMの基本となる経営ビジョンとして長期にわたって尊重された。ワトソン・シニア氏は「ビジョンと勇気なしには、どこにも到達し得ない」（スペイニー他編（2011）154頁）と述べ、経営ビジョンの重要性を説いている。

経営危機の際にCEOに就任したルイス・ガースナー氏は、彼の就任当時のIBMにはワトソン・シニア氏の強力で家父長的な指導者としての精神がすべての面に表れており、それは終身雇用などの温情主義、ストックオプションの軽視などの経営手法にとどまらず、ダークスーツと白いシャツの着用という服装規定など、細かい日常の振る舞いや、はたまた社員の結婚の奨励、アルコールの禁止など個人生活にかかわる領域にまで及んでいたと述べている（ガースナー（2002）243頁）。

ワトソン・シニア氏は、自分の時代に成功をもたらした価値観を、このような数々の決めごとを通して制度化していくことで、組織全体で学び、知識をうまく伝える動きをつくり出した。ガースナー氏は、これは「われわれのやり方」を社員の一人ひとりがはっきり把握できるようになるように浸透させるためにきわめて有効な方策だったと述べ、IBMほど原則を社内に浸透させた会社はめったにないとまで高く評価している。（ガースナー（2002）244頁）。

ワトソン・ジュニアへの継承とコンピュータ産業への参入

ワトソン・シニア氏の後を継いで2代目の社長に就いたのは実子であるワトソン・ジュニア氏であった。彼が社長に就任したのは1952年、CEOに就任したのは1956年のことであるが、この1950年代という時代は、第二次世界大戦後の社会の大枠が形成された時期にあたり、経済、技術などすべての物事が大きく変化していた時代だった。この時代に姿をあらわし、瞬く間にパンチカードの強敵に育ってきたのが電子計算機である。ワトソン・ジュニア氏は、父親との確執を乗り越えながら、電子計算機を事業の中核へと育てあげていく。

ワトソン・ジュニア氏の時代を象徴する最も大きな出来事は、1960年代に社運をかけて開発したSystem/360の成功であった。この成功によりIBMは、メインフレーム市場で先行していたユニバックやバローズを大きく引き離して、業界内で圧倒的な地位を築く。System/360はすぐれた製品群だったが、それ以上に販売手法でライバル企業を圧倒していた。具体的にはリースによって顧客に導入したコンピュータシステムを足がかりに、周辺機器や消耗品、ソフトウエアの開発など、さまざまな領域から顧客企業との関係を強固なものとし、囲い込んでいく、というビジネス手法である。実は、このようなビジネスの展開手法は、父親がパンチカード事業を構築する際につくり上げたものとよく似ている。

父親であるワトソン・シニア氏に対して，肉親であるが故に複雑な感情を抱いていたといわれるワトソン・ジュニア氏だが，扱う商品がパンチカードからコンピュータに変わっても父親のビジネス手法を踏襲したように，自らの時代にあっても父の残した３つの基本的信条を経営の準拠枠として尊重した。ワトソン・ジュニア氏は「生き残り，成功する組織は，すべての方針と行動の規範となる理念を持たなければならないと固く信じている」と述べ，さらに「企業の成功に必要な要素は，その信念に忠実に従うことである」として経営ビジョンに忠実であることの重要性を説いた（スペイニー他編（２０１１）148頁）。

ただし一方では，「組織が変化し続ける世界に順応していくためには，その信念以外のあらゆることを変える勇気を持つこと」だとして，基本的信条を堅持することと，時代にあわせて柔軟に変化するという背反する命題のバランスをとりながら組織を舵取りするのが経営者の最も重要な役割だと考えていた（スペイニー他編（２０１１）148頁）。

ワトソン・ジュニア氏は健康上の問題から１９７１年に引退するが，メインフレーム事業は，彼が引退してから間もない１９８０年代はじめに最盛期を迎える。汎用機市場において絶対的なシェアをもった同社は，全世界で40万人の従業員を有する巨大企業となった。

しかし，１９８０年代の後半になるとＩＢＭは突然の経営危機に見舞われる。危機の予兆がなかったわけではない。最初の予兆はパソコンの登場だった。１９７０年代後半に登場したパソコンは、１９８０年代に入ると「ムーアの法則」に支えられて、瞬く間にビジネスにも利用できる実用的な機器となり、急速に市場を拡大していく。ＩＢＭの独占的な市場だった企業情報システムも、メインフレームからパソコンを使ったクライアント・サーバ・システムに置き換わり、メインフレーム市場は次第に侵食されていく。いわゆるダウンサイジングである。

実際のところＩＢＭはパソコンへの対応では完璧な振る舞いをしていた。ＩＢＭはパソコンの登場を敏感に感知してその影響を理解し、いち早くパソコン事業に乗り出す。さらに80年代後半には世界最大のパソコンメーカーとなり、産業規格をリードするなど、パソコンの時代へ順応したかのように見えた。

ＩＢＭがハードウエアで他社から浸食されたのはパソコンが初めてのことではない。１９６０年代からＰＣＭ（Plug Compatible Maker）とよばれる追随者に、テープドライブ、ディスク、プリンタなど、さまざまな周辺機器の市場で繰り返し侵略されてきた（エーベル（２０１２））。このＰＣＭへの対応と同様にパソコンへの対応もＩＢＭはそつなくこなしたかのように思われた。

しかし、本当の危機はダウンサイジングとともに進んだオープン化にあった。ＩＢＭは自らがつくり出したビジネスの強み、すなわちハードウエアのリースとプロプライエタリなオペレーションシステムによる囲い込みというビジネス手法に縛られ、身動きができなくなっていた。そして自らが生み出したビジネスの対極にあったオープン化へと潮流を変えた時代に乗り遅れたのである。このことが長期にわたる低迷の原因となった。ドラッカー氏はこの現象を「組織の設立に際して基礎とされた前提、そしてそれに基づいて組織が運営されてきた前提が、もはや現実にそぐわなくなった」と述べた（ドラッカー（１９９４））。ＩＢＭにとって事業の再定義は不可避となった。

ガースナー氏は、彼がＣＥＯに就任する直前のＩＢＭには「System/360の成功がもたらした圧倒的な競争優位によって内向きの外部からの影響を受けない世界が形成されていた」と分析する。そのうえで同氏は、その様子を「一頭の馬に乗り、その手綱さばきは見事だったがいずれ馬にも力尽きるときがくる」（ガースナー（２００２）162頁）と述べ、汎用機に強く依存した事業構造に危うさを感じたと語っている。

さらにガースナー氏は、反トラスト法訴訟を13年にわたって続けたことも、社員の心に大きな影響を与えたと指摘する。事業分割の亡霊に悩まされ続けたＩＢＭではこの時期、訴訟への対応で「競争」「シェア」「支配」「主導」「勝つ」などといった言葉は、注意深く社内文書から削除されていた。言葉の制約は知らず知らずのうちに社員の考え方に影響を与え、行動にまで影響は及んでいたとガースナー氏は分析する（ガースナー（２００２）163頁）。

経営危機とガースナーの登場

このような要因が複合的に作用して、ＩＢＭはオープン化への抵抗力、適応力がともに極端に低下した状態にあった。このためにＩＢＭの業績は急速に落ち込み、１９９１年以降は赤字に転じる。１９９３年、年間の純損失が81億ドルにまで膨らんで倒産の危機に瀕したこの年、ルイス・ガースナー氏が会長兼ＣＥＯに就任する。この年は奇しくもワトソン・ジュニア氏がこの世を去った年でもあった。ちなみにガースナー氏の従前の職は、ＲＪＲナビスコの会長兼ＣＥＯである。彼はＩＢＭで初の社外出身トップだった。

ガースナー氏は就任直後から、赤字事業の売却や社員削減などあらゆる方法を動員して徹底した余剰削減を果敢に実行し、就任の翌年には早くも黒字を計上する。さらに９年間の在任期間中にＩＢＭをハードウエア中心の事業形態からソフトウエア中心の事業形態へと構造転換して、再び成長への道筋をつけることに成功したのである。

２　ＩＢＭの企業概要

ＩＢＭは、現在は１７０か国で事業展開しており、開発研究拠点を世界中に12か所、製造施設を同じく24か所に置く。2012年度の世界全体での売上高は1045億ドル。売上高だけで比較すればアップルやサムスン電子の後塵を拝しており、かつて「ビッグ・ブルー」と呼ばれた、並ぶもののないコンピュータ産業の巨人の姿をもはやそこにみることはできない。ただし、今でも確実に毎年増収増益を重ねる優良企業であり、世界的なIT企業のひとつであることに変わりない。

2014年現在、IBMの経営を担っているのは同社初の女性経営者となったバージニア・M・ロメッティ氏である。最高意思決定機関である同社の取締役会の構成をみると、社内役員はロメッティ氏だけで、彼女以外の12名全員が社外役員であり、すべてのステークホルダーの利益を最大化するような役員構成となっている。

組織的には、従来のIBMでは世界を地域別に管理する組織体制を採用していたが、2000年代後半の金融危機の直後から、新しい組織体制への移行を進め、2009年以降は成熟市場と新興市場に向けて組織を完全に分け、成長市場にすばやく対応できる組織体制に改めている。

以下の本章では、1990年代にIBMを襲った経営危機とそこからの復活に焦点を当て、この時期以降に経営を担ったガースナー氏、パルミサーノ氏、ロメッティ氏という3人の経営者の時代を振り返る。そして彼らの取り組みから、IBMは、経営危機以前も以降も変わりなく長期的なビジョンを経営の根幹にすえた企業であることを明らかにしていく。

さらに本章ではＩＢＭの経営ビジョンの内容だけでなく、ＩＢＭがこの時期につくり上げてきたいくつかの仕組みを紹介する。それは、ひとりの傑出した経営者に依存することなく、会社全体で経営ビジョンを創り出すための仕組みであり、策定された長期のビジョンをさらに中短期のビジョンへと展開し、オペレーションの水準に落とし込むための仕組みである。ＩＢＭでは、これらの何段階にも重なった仕組みが、組織と経営のなかにしっかりと組み込まれ、組織そのものと一体化しているのである。

3　ガースナーによる構造改革と事業の再定義

ビジョンをテーマにした本書で、ＩＢＭという企業を取り上げることについて、違和感を覚える方がいるかもしれない。これは、１９９０年代にＣＥＯを務めたルイス・ガースナー氏の「ビジョンはいらない」（ガースナー（２００２）83-105頁）という言葉が一人歩きして、あまりにも有名になったためである。その結果、ＩＢＭはビジョン軽視の企業だとの誤解が広まってしまった。しかしガースナー氏本人が後に自伝に記しているように、この発言の趣旨は明らかに違う。

ガースナー氏がＩＢＭのＣＥＯへの就任に際して，１９９３年7月にニューヨークで開いた記者会見での発言が，右で示した「ビジョンはいらない」である。しかし彼の発言を忠実に再現すると「今のＩＢＭに最も必要のないものはビジョンであり，しばらくビジョンは封印する」である。ガースナー氏の発言の真意は，ＩＢＭが未来永劫にビジョンを手放すことにあったのではなく，今は「実行が先」だという点にあったと見るべきだろう。

ＣＥＯに就任後のガースナー氏は，ビジョンを封印する一方で，市場動向に基づく実効性の高い戦略を着実に実行することを優先し，さらにそのことを組織のメンバー全員に理解させる必要があると考えた（北城他（２００６）67頁）。ガースナー氏は，Win, Execute, Team（勝利，実行，団結）というシンプルなスローガンを掲げ，冷え込んでいたＩＢＭの組織全体に熱いパッションを吹き込んだ。そして巨大な組織を瞬く間に戦う集団へと変化させた。ガースナー氏の自伝のタイトルにもなっているように，巨象を踊らせたのだ。

このときにガースナー氏がＩＢＭの社内に示した経営方針は以下の通りである（日経ＢＰホームページhttp://ac.nikkeibp.co.jp/ncc/uc2011/pdf/sec2.pdf　より筆者作成）。

「市場こそがＩＢＭのあらゆる活動の原動力である」
「ＩＢＭの本質はあくなき品質の追求を行うテクノロジー企業である」

「ＩＢＭの成功を図る主要な尺度はお客様の満足と株主の利益である」
「ＩＢＭは企業家精神に満ちた企業として形式主義を排し、生産性向上を徹底的に追求する」
「ＩＢＭは常に戦略的ビジョンのもとに行動する」
「ＩＢＭは常に真剣かつ機敏に考え、行動する」
「優秀かつ熱意に満ちたＩＢＭ社員の力が、またすぐれたチームワークこそがすべての試みを可能にする」
「ＩＢＭはすべての社員のニーズに配慮し、かつ地域社会との健全な関係を維持する」

なお、この8項目は社内的には経営ビジョンではなく、戦略方針として理解されている。実行がビジョンよりも優先されたこの時期にあっても、5番目に「戦略的ビジョンのもとに行動する」が掲げられている。このことからも、ガースナー氏が当初からビジョンを軽視してはいなかったことが窺える。ガースナー氏はこの方針に沿って、ＩＴを活用したビジネスプロセスの抜本的改革に取り組むなど業務執行体制の立て直しを急いだ。

ガースナー氏は単に合理化を進めるだけでなく、折しも90年代後半に急速に普及したインターネットに合わせて「ｅビジネス」という領域を新たに事業の根幹として設定し、事業構造の大幅な転換も同時にはかった。その結果IBMは、従来のハードウエア中心の企業から統合的なサービスを提供する企業へと、事業構造そのものを大きく変化させていくことになる。

ガースナー氏が実施したこの２つの対策によって、ＩＢＭは、90年代の後半には安定した成長を取り戻すまでに業績を回復した。彼がＣＥＯを務めた９年間に、ＩＢＭの売上高は93年の627億ドルから２０００年の８８４億ドルへと増加し、93年に81億ドルの赤字だった純利益は２０００年には81億ドルの黒字となった。その間に株価は８００％以上上昇し、時価総額は１８００億ドル以上増加している。

しかし一方で、ＩＢＭの企業風土はこの間の変動により、大きく変化せざるを得なかった。最盛期に全世界で40万人に達した従業員は、一旦は25万人まで減少している。その後の再成長により社員数は再び増加に転じるが、積極的な企業買収を行ったこともあり、同時期の新規雇用は10万人規模に達した。その結果、１００年近い社歴を有するにもかかわらず、全社員の約半数が在籍５年未満という特異な状況が生まれることとなる。

この現象は社員が減少し、再び増加したという単純な量の変化にとどまらなかった。ＩＢＭが、製造主体からサービス主体へと事業の転換を進めていったこの時期、入社した社員の多くは――たとえば、顧客企業のアウトソーシングにともないＩＢＭに転籍することとなった顧客企業の社員であったり、インド・中国などでのオフショア開発の増加にともなうアジア人社員であったりと――以前のハードウェア製造を主体とする事業を担った人材とは多くの点で異なっていた。

ＩＢＭには、多様な社員が共存する環境整備が求められることになった。ダイバーシティマネジメントはＩＢＭのような世界的企業にとっては古くからの経営課題だと考えられがちである。しかし、90年代以降の急激な雇用変動による多様化の影響は、通常のダイバーシティマネジメントの範囲をはるかに超えるレベルに達していた。

ＩＢＭは創業以来、雇用調整をしないことを社員に約束してきた。しかし、外部出身者であるガースナー氏は経営危機のなかであえて雇用調整に踏み切り、これと引き換えに再度の成長を手にした。しかし、その代償として、ＩＢＭの特徴とされてきた終身雇用制とそれを基盤とした綿密な社内キャリア形成は困難となり、創業以来脈々として従業員に受け継がれてきた企業文化は失われたかのように見えた。

とはいえ、ガースナー氏は企業文化を軽視していたのではない。後にＩＢＭの10年間を振り返るなかで、ガースナー氏は、自分がこの会社から学んだ最も重要なことは、「企業文化が経営の一つの側面などではなく、経営そのものであるということだ」（ガースナー（２００２）241頁）と述べている。

９年間は決して短い時間ではないが、ガースナー氏のような傑出した経営者をもってしても、この期間のうちに構造改革と価値観の再生という二つの課題を完成することはできなかったのである。

次世代のＩＢＭの経営者たちがこの課題を引き継ぐ。

4　パルミサーノによる価値観の再生

２００２年1月、ガースナー氏はサミュエル・Ｊ・パルミサーノ氏を後継者に指名し、自らの時代に達成できなかった価値観の再生という課題を彼に託して、２００３年にはＩＢＭのすべての役職から退く。

パルミサーノ氏は「青い血が流れている」と呼ばれるIBMer、すなわち企業人としてのキャリアをすべて社内で積んだ生粋のＩＢＭ社員である。経営危機に際して外部から招聘されたガースナー氏とは違って、パルミサーノ氏は過去からのつながりを確保できる立場にある。生粋のIBMerであったことはパルミサーノ氏が選定された重要な要件であった。

パルミサーノ氏が就任した時、業績は既に回復し、ＩＢＭは再び成長軌道に乗っていた。ガースナー氏着任当時と状況は一変していたが、パルミサーノ氏は決して楽観してはいなかった。パルミサーノ氏は当時の様子を以下のように振り返る。

財務や業績が大幅に改善し、いったん状況が好転し始めると、再び自己満足に陥るという新たな危機が訪れた。ＣＥＯが変わってもこれまでの戦略は盤石である。これ以上変わる必要がどこにあるというのか。

（北城他（２００６）22頁）

このような社員の意識の微妙な変化を感じ取ったパルミサーノ氏は、絶えざる変革を続けるためには、ワトソン・シニア氏がつくり上げた組織の価値観を再定義する必要があると考えはじめる。しかし、単に価値観を押しつけても社員に浸透しないだろうとの認識もあった。ＩＢＭは管理するには巨大すぎるのである。このことをパルミサーノ氏は次のように述べる。

ＩＢＭをうまく組織化しようとしても完全無欠の方法など存在しない。ＩＢＭはかねてから大規模で、大成功を収め、きちんと管理されている企業だと評価されてきた。それはある種のほめ言葉だった。しかし、今日のように変化の激しい環境では、きちんと管理されていることと自体が問題である。分析に時間をかける、意思決定プロセスがもたもたしているなど何かと官僚主義に陥りやすいからである。

（北城他（２００６）14頁）

パルミサーノ氏は就任当時の様子を、「倒産の危機を突きつけて社員に発破をかけるのではなく、希望と向上心を通して社員の行動変革を促す必要に迫られていた」（北城他（２００６）

23頁）と述べている。しかし巨大組織であるＩＢＭの社員の意識を特定の方向に向けることは容易ではない。

> ＩＢＭの組織図をイメージすると１７０カ国で事業展開をしていて、そこにそれぞれ製品ラインが60から70、顧客セグメントが10くらいあるとすると、３次元のマトリクスで表現すると10万以上のセルがあることになる。これら一つひとつのセルの中で、日々収支計算し、意思決定を下し、資源配分し、取引をしている。これらのすべてを中央集権的に管理することなどできるだろうか。
>
> （北城他（２００６）15頁）

統合的に管理することの限界を感じたパルミサーノ氏は、社員に共有される価値観を確立することで、上司が命令しなくても社員の一人ひとりが正しい判断を正しい方法で下せるようにすることが必要だと考え、これをバリュー・ベースド・マネージメントと名付けた。

このようなかで、社員一人ひとりの可能性を引き出しつつ、グループ全体としての価値を再確認するための方法としてＪＡＭが登場することになる。

5　オンライン会議ＪＡＭ2

ＪＡＭとは、ＩＢＭグループが開発したイントラネットを用いたオンライン会議の手法である。ＪＡＭにはジャズのジャムセッションという意味もあり、ジャズアンサンブルでの自発的な即興演奏のように、ＪＡＭはアクティブで、平等主義で、有機的かつ構造的なコミュニケーションを生み出すことに特徴がある。

この手法が最初に使われたのは２００１年のWorld JAMのときで、パルミサーノ氏がＣＥＯに就任するよりも以前のことであった。つまりＪＡＭはパルミサーノ氏が改革のために新たに開発した手法ではなく、すでに社内で開発が進んでいた手法を自らの改革に活用したのである。

その後ＪＡＭは13回開催され、現在ではＩＢＭのソリューションのひとつとして商品化もされている。この13回のなかでも、ＩＢＭの長期経営ビジョンとの関係で注目すべきは、パルミサーノ氏がＣＥＯに就任したあとに開催されたValues JAM以降の３回である。以下では、この３回のＪＡＭの具体的な実施方法や成果について紹介する。

Values JAM

パルミサーノ氏の改革で最も重要な役割を果たしたＪＡＭは、２００３年の７月29日から８月１日にかけて、72時間にわたって開催された「Values JAM」である。

これはすべてのＪＡＭに共通する重要な特性であるが、ＪＡＭは２日から３日に期間を限定して実施される。グループウエアや社内ＳＮＳ、社内ブログなど情報系の企業情報システムは、いったん導入されれば、日常の業務に組み込まれ恒常的に運用されることが多い。これに対してＪＡＭは、日常業務とは切り離し、期間を限定して実施する。いわばイベントとしての実施である。このことの意味については後で評価することとしたい。

このValues JAMへの参加者は２万２０００名。この時点での同社の社員数は約32万人だったので、３日間という限定された期間内に、時差や言語の壁を越えて、世界中から少なくとも社員の１割以上が参加したことになる。この間の社員のコメントは９３３７件、閲覧は１０８万ページビューに達した。

——わずか72時間ではあるが、波瀾万丈の展開があったとパルミサーノ氏は振り返える。

■注

2　ＪＡＭについての解説は福井誠（２０１０）の該当部分を大幅に改稿したものである。

――しまった。自分は信じられないような負のエネルギーを解き放ってしまった。
（北城他（2006）22頁）

パルミサーノを落ち込ませたように、一日目はネガティブな意見が大半を占め、役員のなかにはJAMの打ち切りを進言する者もいた。しかし、彼は頑としてこの進言を受け入れず、継続を指示する。このときのことをパルミサーノ氏は後に次のように述べている

――JAMでは己を捨ててかかる必要があり、これはCEOの立場からすればたやすいことではない。しかし、今はそれをすべき時だと考えた。
（北城他（2006）22頁）

JAMの雰囲気が変わりはじめたのは、日付が変わった頃からだった。次第にテーマとして設定された「IBMのバリューは何か」、具体的には、「IBMのコアとなる価値は何か」、また「社内および社会に対して、どのような価値観をもって行動するのがIBMerとしてふさわしいか」といった企業のあり方そのものを問う、根源的ともいえるテーマに対して建設的な意見が述べられはじめ、最終的には社員の意見が一つの方向にまとまっていく。

ただし、これは自然発生的に方向が変わっていったのではない。JAMの運営スタッフが、議論を円滑に進めるために、あらかじめテーマをさまざまな角度から検討し、その流れを方向

づけするための「仕掛け」が用意されていた。

８月１日にはすべてのプロセスが終了し、３日間に渡るディスカッションの内容を要約することで、ワトソン氏の３つの基本的信条に代わる新たな「IBMers Value」が定められた。

すなわち、

「お客様の成功に全力を尽くす」

「私たち、そして世界に価値あるイノベーション」

「あらゆる関係における信頼と一人ひとりの責任」

が、次の時代の基本的なビジョンとして提示されたのである。ＪＡＭの実施から３か月後の２００３年11月に、対外的な発表が行われた。

しかし、その後のフォローアップ調査ではいくつかの問題点が指摘されることになる。最大の問題は、認識と実行とのギャップであった。すなわちビジョンが改訂されたという事実は認知され浸透していたものの、それを日々の業務につなげるための具体的な支援制度が用意されておらず、直近の上司から直接説明をうける機会がないなど、ビジョンが具体的な業務レベルに落とし込まれていないことが明らかとなった。そこで、この結果を受けて第２回目のＪＡＭが計画される。

図表５-１　IBMにおけるビジョンの変遷

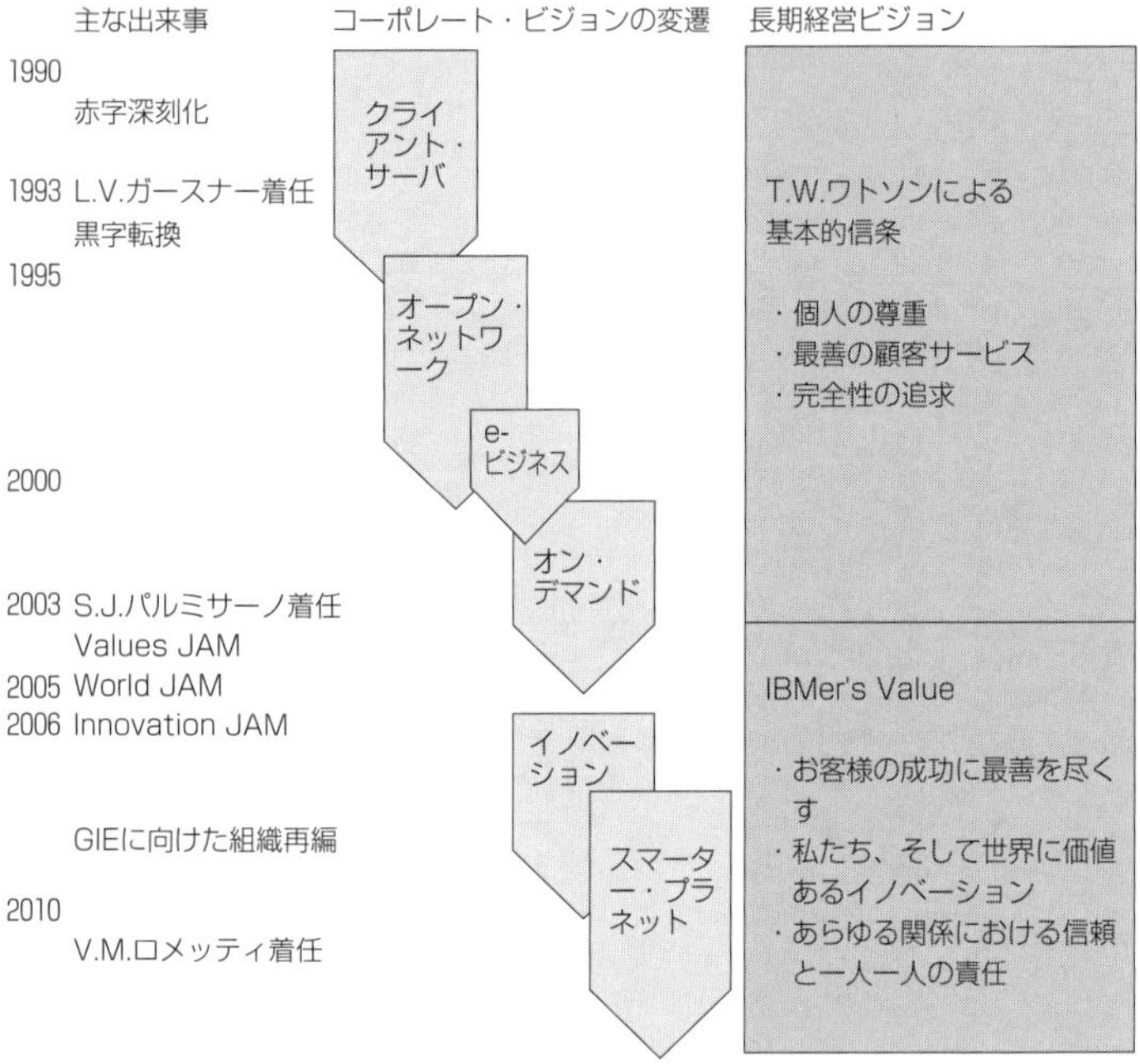

World JAM

新たに計画された2回目のＪＡＭ、「World JAM」は、２００４年10月26日から28日にかけての48時間で実施された。手法的にはValues JAMとほぼ同じであるが、議論のモデレーターとして上席副社長が配置された。また、先の３つのバリューを具体的に議論するため、６つのテーマがあらかじめ設定され、テーマごとにフォーラムが設定されるなどより成果が出やすいように改善がなされた。

またWorld JAMでは、従来

のＪＡＭでは採用されていなかった手法として、社員全体での評価セッションが設けられ、実行に移すアイデアを決定するための投票というプロセスが追加されている。これは「議論を議論で終わらせない」という経営側からのメッセージであり、社員が選定したアイデアは実践に向けて具体化することを事前に宣言するなど、経営層の関与が強く打ち出された。

結果的にWorld JAMは、Value JAMよりも短期間での実施であったにもかかわらず、参加ユーザー数は約4万人、50万ページビューのアクセスを得た。これはValue JAMと比較して2・5倍の増加で、また議論のプロセスで投稿されたアイデアも3倍以上に増加している。この議論の成果として最終的に提案されたアイデアは、１９１件であり、これらのアイデアから採択案を選定するための投票では１００万を超える評価が集まった。その結果、先に定めたIBMers Valueをより具体的な行動基準とするために選定されたのは以下の３つの重点施策であった。

「意思決定の重心を下げ、お客様の成功に向けてクロス・ユニットの統合を促進」
「マネジャーがよりよいマネジャーになるために」
「イノベーションと成長を実現」

Innovation JAM

パルミサーノ改革の集大成となる第3回目のＪＡＭ、「Innovation JAM」が２００６年７月24日から27日にかけて72時間で開催された。Innovation JAMでは短時間のセッションを、時間をおいて２回に分けて実施する方式が採用された。７月の３日間を第１フェーズとし「アイデアの創造」をテーマにディスカッションするとともに、９月12日から15日の３日間を第２フェーズとし、「アイデアの改良」を課題に、第１フェーズで採択されたアイデアの改良、実現可能性の検証に充てるなどの全体的なデザイン変更がなされた。

Innovation JAMが従来のＪＡＭと決定的に異なるのは、社員だけでなく社外のリソースも取り込んだ点である。顧客企業、有識者、さらには社員の家族までが参加して議論が繰り広げられた。

さらに、設定した目標に討議を収斂させるための方法論にも磨きがかかる。今回はモデレーターに加えファシリテーターが置かれた。さらにＳＭＥ（Subject Matter Expert）呼ばれるテーマの専門性に応じた技術の専門家がフォーラムごとに配置された。このように特定の役割をもった社員を配置したことで、議論が目標から大きくそれないために議論の方向性を常にモニタリングして、短時間で設定された成果に達するように改善がなされた。

この会議でファシリテーターをつとめた日本ＩＢＭの社員[3]によると、たとえば「酔っぱらい運転での事故を防ぐ技術革新」というテーマのもとでの議論で、アルコール・センサーについての議論が進んでいるときに、「そもそも酔っぱらい運転を取り締まる法律がなければ無意味だ」といった制度面に関わるコメントが出され、議論がその方向に進んでしまいそうになることがある。そのときファシリテーターはすかさず議論に介入して、実現可能な技術の議論へと方向を転換する。

さらに、日本人のファシリテーターは、英語の書き込みを日本語に即座に翻訳して、日本人社員の発言を促すなどの役割も担った。このようにオンライン会議上で、異なる役割をもった複数者が分担・協調して議論を進めるという方式はあまり例をみない。この点にＪＡＭの方法論としての優位性が集約されている。

このInnovation JAMへの参加者は15万人以上に達した。67社の顧客企業を含む75か国からの参加があったとされる。そこで提案されたアイデアは4万6０００件以上、コメントは37万件と過去2回のＪＡＭを大きく上回った。また同時参加人数は3万1０００人と報告されてお

■注

3　株式会社日本アイビーエム株式会社主任広報担当部員川嶋輝彦氏による、２００7年8月4日開催の経営情報学会関西支部研究会での話題提供をもとに、その後の川嶋氏へのインタビューにより補足した。

り、短期間に多くの参加者を集めて議論がなされたことが窺える。

Innovation JAMの実施後、これらのアイデアから10種類の新ビジネスが選定された。さらに、その推進に向けて、その後の2年間で1億ドルを投資するとパルミサーノ氏は宣言した。

方法論としてのＪＡＭの特徴

ＩＢＭにおけるＪＡＭの実施方法や効果については、以下のようにまとめることができる。まずＩＢＭでは、経営層が目標を明確に設定し、それに沿ってＪＡＭという社員参加の手段が選定されている。さらに、この手法は最初から完成形で提供されていたのではない。ＩＢＭは、数回の実施と検証のプロセスのなかで、方法論を改善しながら、漠然とした理念から事業提案に至る一貫した流れを形成することに成功している。

また、実施と検証作業とをステップを追って実施するのに、開催期間の限定が有効に機能している。期間の限定は、参加する社員にとっても業務負荷が少なく、逆にオンライン会議への参加が、それにのめり込んでしまって自己目的化するという過剰適合を防ぐのにも有効であった。

ＩＢＭでは、事業構造の変化にともなう社員の多様化を活かす必要があり、そのためにも、議論の積み重ねによりボトムアップで理念を構築するという方法が有効であった。ただし、ボトムアップでの理念構築は、経営トップ層の意図した結果とは異なる方向に結論が進む危険性もはらんでいる。明確な目標を示し、それに沿った議論を進める方法論を開発することで、社員相互の創発と目標の達成との均衡を実現したことが、ＪＡＭの最大の成果だったといえるだろう。

このようにＩＢＭは社員の高い能力を最大限に活かしながら、多様性を逆手にとって民主的な手法でビジョンを策定することに成功した。このことは、多様で多彩な社員の能力を集合知として活用することで、ワトソン・シニア氏のような傑出した経営者個人の描くビジョンを超えることができる可能性を示している。

さらにいえば、ビジョンの策定に関わったという認識が参加意識を生み、社員一人ひとりが経営ビジョンを自らの指針と受け止めて行動するようになる。これがパルミサーノ氏がめざした民主的なビジョン策定のもう一つの目的だったといえるだろう。

6　ロメッティとＧＩＥへの挑戦

パルミサーノ氏は、ＪＡＭという既存の社内ツールを上手く利用して、ＩＢＭの基本的な価値観、長期経営ビジョンを再構築することに成功し、２０１２年10月に10年におよぶ任期を終えた。パルミサーノ氏の功績は、ＩＢＭの価値観の再構築に成功したことだけではない。ガースナー氏が立て直した経営を安定した成長へと導き、将来の組織の姿を、輸出型企業でも多国籍企業でもない、ＧＩＥ（Globally Integrated Enterprise）――真にグローバルに統合された企業――という姿で描きだした。また、ＪＡＭがもたらす集合知の活用を、経営ビジョン策定のために応用する方法も確立した。

パルミサーノ氏退任後のＩＢＭの経営は後任のバージニア・Ｍ・ロメッティ氏に委譲された。ＩＢＭ初の女性経営者となるロメッティ氏も、パルミサーノ氏と同じく、生粋のIBMerである。

ＩＢＭでは入社してすぐの時期から幹部候補を選抜し、個人毎に育成計画を立てて長期的に幹部へと育てる。これらの幹部候補は毎年、達成した成果についての評価を受け、弱い部分が見つかればそこを強化するための育成プログラムが追加される。しかし、それでも改善が認められない場合には他の幹部候補と入れ替わることもあり、そのための代替要員が常に５００人程度リストアップされているという。ガースナー改革によって一度は消滅したかに見えた人材育成プログラムは、パルミサーノ氏の時代には再び機能するようになっていたのである。

ロメッティ氏は、このシステムのもとで幹部への道を歩み、前任のパルミサーノ氏が用意した「新興国売上高比率の30％への引き上げ」や「クラウドコンピューティング事業の強化」など、２０１５年までのロードマップを示されたうえで、経営を引き継いだ。

今後はガースナー氏以来の課題であるＧＩＥを実現し、次世代のロードマップを示して、経営をつないでいくことが、ロメッティ氏に課せられた使命となる。

ＩＢＭでは、このようなロードマップを確実に実現するために、社員には目標を可視化するフレーズが提示される。これはガースナー氏の就任の前から定着していた手法である。業績の落ち込んでいた92年頃のフレーズは「クライアントサーバ」だった。ガースナー氏の着任から数年して、「オープンネットワーク」「ｅ-ビジネス」「オンデマンド」といったフレーズが、技術と経営の方向を示すキーワードとして、４～５年の周期で次々と提示されるようになった。パルミサーノ氏に経営が委譲されてからは、同種のフレーズとして「イノベーション」が掲げられ、２００８年以降は現在に至るまで、「スマーター・プラネット」が掲げられている。

ビジョンが、将来を見通し、その将来の環境に対応する企業のあり方を言葉によって視覚的に示すものであるとするなら、次の時代を予見し切り取ったこれらのキーワードはまさに経営ビジョンと呼ぶべきものであろう。先に示したIBMer's Valueが長期経営ビジョンにあたるとすれば、これらのキーワードは中期経営ビジョンに相当し、ＩＢＭではこれを「コーポレート・ビジョン」と名づけている。こうした中期経営ビジョンを策定する方法も、パルミサーノの時代に手法が確立され、洗練されていった。

7　システム化された中期経営ビジョン策定手法

一連のパルミサーノ改革を通して、ＪＡＭの成果はＩＢＭの社内で高く評価され、ＪＡＭへの信頼は確かなものへと変化した。そこでＩＢＭは、ＪＡＭで培われた方法論をインターネット上でのイベントという枠を超えて広く採用することができないかと考え、中期経営ビジョンの策定にも、ＪＡＭの手法のエッセンスを活用する試みをはじめる。

たとえば、意思決定の重心を下げるという基本方針に従って、２００４年からはＧＩＯ(Global Innovation outlook）という戦略文書策定のための会議が開催され、その成果としての文書が作成されるようになった。Values JAMが開催された２００５年以降は、今後のイノベーションのあり方について議論し、その成果をとりまとめた文書であるＧＩＯが毎年作成されることになる。最初のＧＩＯであるGIO1.0はValues JAM直後の２００４年に作業が開始され、まず研究者、コンサルタント、業界エキスパートからなるＩＢＭ社員と社外有識者１００名が組織されてニューヨーク、上海、ワシントンD．C．、チューリヒに集結した。ここでは、自由に話し合いを進める集中的な議論、「ディープ・ダイブ」と呼ばれる特徴的な手法を経て、２００５年に同社内だけでなく広く一般にもその成果が公開された。このようにＪＡＭの方法論は、インターネットを超えて、リアルな場所に集合しての集合知形成作業へと発展し、その成果は次の時代を予測する重要な経営情報として活用されることとなったのである。

ＩＢＭの中期経営ビジョン策定に用いられる文書はこれだけではない。たとえばＧＴＯ（Global Technology Outlook）は１９８５年から継続的に作成されているＩＢＭの重要なドキュメントである。ＧＴＯは、ＩＢＭの事業に大きな影響を及ぼすことが予想される技術トレンドを早期に発見し、顧客や業界に与える影響を把握することを目的として編集される。ＧＴＯは、ＩＢＭの営業戦略と技術戦略を決定づける重要なドキュメントといわれているが、非公開のため外部の人間がその内容を知ることはできない。

このドキュメントは毎年、春先にトピックスの収集をはじめるところからはじまり、その年の夏にかけて内容を精査、秋の役員によるレビューを経て、その年の冬にようやくCEOのレビューに至るといわれており、ほぼ1年をかけた長いプロセスによって練り上げられる。この作業には専任のスタッフがあたり、研究部門を中心にした多くの社内スタッフや役員が協働して作業にあたっているとされる。

これに加えてＧＭＶ（Global Market View）という国単位の市場動向予測ドキュメントも毎年作成される。これらのＧＩＯ、ＧＴＯ、ＧＭＶというドキュメントを定期的に更新しながら、米国本社にある企業戦略部門が検討を重ね、数年ごとに新しい中期経営ビジョンである「コーポレート・ビジョン」が社内に提示される。

新しい「コーポレート・ビジョン」が社内に提示される際には、まずキーワードだけが示される。抽象的な言葉だけでは、社員もそこから導かれるビジネスの姿をまったくイメージすることはできない。しかし、言葉だけが示されてそれで終わるのではなく、この言葉を具体的にビジネスに結びつける方法が次々と提示される。これらの一連の動きのなかで、社員は次第に言葉の意味を理解し、CEOがイメージしている世界観を共有できるようになる。

IBMに籍を置いたことのある人に、このようなコーポレート・ビジョンが組織に浸透していく様子について聞いたことがある。これをもとに、もう少し具体的にその様子をみてみよう。

社員からみると、ある日突然、何の前触れもなくアメリカ本社から「コーポレート・ビジョン」は通達される。最初その言葉を聞いたときに、具体的なイメージは何ひとつ掴めない。以前であれば、「クライアントサーバ」など、日常のビジネスでも登場するフレーズだったので、とりあえず理解できた。しかし最近は、抽象度の高いフレーズになってきており、「スマーター・プラネット」などは何を意味しているのか最初はまったく分からなかった。

しかし、時間をおかず、担当部門や、場合によっては経営層がアメリカから日本にやってきて、ミーティングが設定される。最近ではストリーミングで行われることも多くなったが、以前は直接話し合いをするために経営層が頻繁に来日していたという。その席では、キーワードの背景や目標などが解題される。

その後も矢継ぎ早に、具体的にブレークダウンした戦略目標や、そのキーワードを具体化した商品などが提示される。さらにその商品をセールスするための資料やトレーニングなども提供される。このように、どんどん日常の業務レベルに近いところに落ちてくるようにプロセスがデザインされており、フレーズの内包するイメージが、次第に視覚的に理解できるようになっていく。さらに、自分の職務との関係がはっきりと理解できるようになっていくという。

この頃になるとビジョンを示すフレーズは、まるで自分自身で考え出した言葉のように体に馴染んでくる。そのため会社に「やらされている」という感覚には陥らない。このようにして数年をこのフレーズのビジネスに費やす。そして４～５年が経過すると、また次のフレーズが突然に降ってくるのだという。

8　まとめ

このようにＩＢＭは経営危機を乗り越えるなかで、事業を再構築し、さらに従前とはすっかり構成メンバーが替わった組織において、民主的な手法を用いて価値観やビジョンを再構築した。そしてこの長期経営ビジョンを中期経営ビジョンにつなぎ、日常のオペレーションにまで落とし込むことで、中長期の経営ビジョンをたんなるスローガンに終わらせない綿密なシステムとして新たに構築することに成功した。このことこそが新しいＩＢＭの経営ビジョンの最も特徴的な点であり、この特徴においてＩＢＭは他社を圧倒している。

しかしＩＢＭにはもう一つの特徴がある。それは、ＣＥＯの任期が平均して10年近いことである。１００年の歴史でロメッティ氏が10人目のＣＥＯなので、単純計算しても平均10年となる。そのなかには半世紀にわたって経営を率いたワトソン・シニア氏も含まれているので、単純に平均値を求めても意味はないが、ガースナー氏、その先代にあたるエイカーズ氏、パルミサーノ氏と、すべて10年近い期間にわたってＣＥＯを務めている（橋本（２０１１））。

三品和広氏は、不透明な社会環境のなかでは、１人の経営者に権限が集中することの弊害よりも、同じ経営者が10年以上にわたって経営に携わることのメリットのほうが勝っていると説く。なぜなら、在任期間の長さは、経営の視野、すなわちビジョンの拡がりと関連するからである。さらに三品氏は、いかに長任期の社長とはいえ、揺るぎない優良企業ができあがるまでには、そのような社長が3代続くことが条件となると述べる（三品（２００５）2頁）。

しかし、優秀な経営者が偶然にも三代続いて、それぞれが長期政権をとれる確率は、それほど高いとは思えない。一方、ＩＢＭで、10年近い任期の経営者が数代にわたって続くのは、偶然の仕業ではないように思える。ＩＢＭには、ここまで見てきたように、長期経営ビジョンがあり、必要な時期が来ればこれを再度見直す方法も用意されている。この長期経営ビジョンを戦略につなぐための中期経営ビジョンも用意されており、それを生み出す方法も整備されている。さらにその改定作業に必要なドキュメントの作成は年次計画のなかに組み込まれて、日々着々と作業が進んでいる。中期経営ビジョンをオペレーションにつなぐための仕組みもできあがっている。

このような安定した仕組みのうえで、ＣＥＯはＩＢＭの組織と仕組みを信頼して経営に集中することが可能となり、これが長期の経営につながる。さらに退任の時期が来れば、社内の育成システムから最適の人材を選定して数年間のロードマップを描いたうえで経営を引き渡す。後継者はこのロードマップを着実に実行することで実績を積み、数年間の助走を経て自分の仕事に取りかかることができる。このような安定感が長期政権を生み、長期政権がより洗練されたビジョンとそのための仕組みをつくり上げる。この好循環こそが現在のＩＢＭの長期経営ビジョンを有効に機能させている。

■参考文献

ケビン・スペイニー他（２０１１）『世界をより良いもとへと変えていく　世紀とその企業を作り上げた大志』ピアソン桐原

ケビン・メイニー（２００６）『貫徹の志　トーマス・ワトソン・シニア』ダイヤモンド社
北城恪太郎他（２００６）『ＩＢＭお客様の成功に全力を尽くす経営』
ルイス・ガースナー（２００２）『巨象も踊る』日本経済新聞社
坂本和一（２００９）「Ｐ・Ｆ・ドラッカー「企業永続の理論」の警鐘」『文明とマネジメント』Vol.3、60-73頁、ドラッカー学会
橋本孝之（２０１１）「Ⅳ日本アイ・ビー・エム　講演ＩＢＭグローバル化時代の経営戦略」『第17回企業白書』経済同友会
デレク・エーベル（２０１２）『新訳　事業の定義　戦略計画策定の出発点』碩学舎
トーマス・ワトソン・ジュニア（２００６）『先駆の才 トーマス・ワトソン・ジュニア――ＩＢＭを再設計した男』ダイヤモンド社
ピーター・ドラッカー（１９９４）「企業永続の理論」『ハーバードビジネスレビュー』１９９４年10月号
福井誠（２０１０）「Enterprise2.0 導入の成功要因――ＩＢＭのＪａｍと久米繊維工業の事例による」『流通科学大学論集・経済・経営情報編』、Vol.18　No.2、1-21頁、流通科学大学学術研究会
三品和広（２００５）「経営は十年にして成らず」東洋経済新報社
村上明子、武田浩一（２００７）「企業における集合知の活用事例 Innovation Jam」『PROVISION』No.55/Fall

■第6章
コマツ
代を重ねるごとに強くなる会社をめざして

1　コマツの歴史

本章では、コマツの経営構造改革のなかで生まれたビジョンを検討する。まずはコマツの歴史を振り返る。コマツは1921年に石川県小松市において、輸入鉱山機械の修理会社として設立された。創業者の竹内明太郎氏は「工業富國基」を掲げ、「工業は国を富ませる基なり、人材育成こそが工業富國基の基本」という志をたてた。創業の精神は「世界に通用する技術を生み出し、世界を相手に勝負する」であり、「品質第一」「技術革新」「海外への雄飛」「人材育成」の4つを経営の軸としていた。ちなみに竹内明太郎氏は、早稲田大学理工学部の創設者の一人でもある。

コマツの第2次世界大戦後の歴史は、経営構造改革の取り組みから見て、大きく4つの時代に分けられる。第1期は1960年代から70年代前半で、日本市場での外資との競争の時代である。為替レートは固定相場制で1ドル360円という時代だった。その環境下において、1964年の貿易自由化にともなって、米国キャタピラー社が、三菱重工業と提携し日本に進出してきた。建設機械関連で世界ナンバー1のキャタピラー社の日本市場進出は、コマツにとって大きな脅威であった。コマツとしては、キャタピラー社の品質に追いつこうと、全社で必死にTQM（全社品質管理）活動に取り組んだ。当時、社内ではこれを「マルA対策」と呼び、全社的な品質の向上、コストの低減、そして納期や安全管理などの意識付けを進めた。この活動は、今もコマツのものづくりの基礎となっており、現在のコマツウェイのベースとなるものである。

第2期は1970年代半ばから1980年代前半である。このころは輸出拡大期で、海外売上高比率が50％くらいまで増加した。輸出先は主に北米だった。背景としては、変動為替相場制への移行により円が高くなったことや、キャタピラー社に対抗できる高信頼性ブルドーザーの開発が成功し、北米市場で受け入れられたことなどがあげられる。この活動は「マルB活動」と呼ばれた。「マルA対策」がキャタピラー社の日本進出に対抗する守りの戦略だったのに対し、「マルB活動」は輸出を目的とした攻めの活動だった。販売面を強化するため海外販売現地法人を設立したのもこの時期である。

第3期は1980年代後半から1990年代前半で、海外生産の拡大期である。このころはプラザ合意後の円高基調が続き、日本市場の縮小を受け、海外市場を強化した。そして、それに対応するため、欧米を中心にした海外生産が進んだ。

第4期は1990年代後半から現在までである。日本市場の急激な縮小、そして新興国など海外市場の拡大により、グローバル連結経営が進んだ時代である。この時代には、第一次経営構造改革、第二次経営構造改革、コマツウェイの策定、コーポレート・ガバナンス改革、ダントツ商品の開発、グローバル生産体制の整備、グローバル販売・サービス体制の強化など、経営の構造改革および革新が次々と進められた。

この第4期にコマツの社長、会長を務めた坂根正弘氏は、自著『ダントツ経営』のなかで、この時代の建設機械業界について次のように述べている。

> この数十年、日欧米のいわゆる先進国が世界経済の主導権を握った時代から、中国やインドなどの新興国や中東などの資源国が大きく存在感を高める転換期において、他の業界より一足早く、かつ大々的な規模でこの大転換にさらされた業界だ。（『ダントツ経営』21頁）

コマツはこの世界経済の大転換を乗り越え、海外売上高比率が8割を超えるにいたる。現在ではコマツは、日本企業においてトップクラスのグローバル企業に成長している。

2 コマツの企業概要

2012年度の実績で、コマツの連結売上高は1兆8849億円、営業利益は2116億円、総資産は2兆5178億円である。連結子会社については146社（うち日本23社、海外

123社）、連結従業員数は4万6730人（うち58％は外国籍）である。

事業別の売上高構成は、建設機械・車両が89％、産業機械が11％となっており、建設・鉱山機械の分野において世界第2位のメーカーである。建設機械・車両事業の地域別売上高構成は、日本が17％、北米が17％、中南米が15％、アジアが13％、オセアニアが12％、中国が7％となっており、海外売上高が8割を超える。特定の地域に偏らないバランスのよい売上高構成になっている。

建設機械・車両事業には、建設機械、鉱山機械、小型建機・フォークリフトの3つのラインナップがある。建設機械のラインナップには、ブルドーザー、ホイールローダー、ダンプトラック、アーティキュレートダンプトラック、モーターグレーダー、油圧ショベルなどがある。鉱山機械のラインナップには、超大型ダンプトラック、超大型油圧ショベル、超大型ブルドーザー、超大型ホイールローダーなどがある。小型建機・フォークリフトのラインナップには、ミニショベル、ミニホイールローダー、バッテリー式フォークリフト、エンジン式フォークリフトなどがある。

産業機械には、自動車部品のピストンリングやカムシャフト、クランクシャフトの加工機や板金のプレス機、溶接ロボット、トランスファーマシン、マシニングセンターなどがある。

3　第一次経営構造改革

コマツでは、2001年6月に坂根正弘氏が社長に就任したが、この前年にITバブルがはじけたタイミングであった。そもそも1990年代から日本国内では公共事業が削減に向かう傾向にあり、国内の建設機械市場はすでに冷え込んでいた。グローバルに見ても、日米欧とも先進国における建設機械需要は低迷していた。その結果、2002年3月期の決算は、130億円の営業赤字、800億円の純損失となった。社長就任直後からこの赤字を覚悟していた坂根氏はこの危機のなかで「経営構造改革」を打ち出し、実行した。この改革にあたり、まず坂根氏は、「成長とコストの分離」「強みを磨き、弱みを改革」というコンセプトを提唱した。

「成長とコストの分離」というコンセプトの背景には、次のような問題意識があった。第2次世界大戦後ずっと、日本市場においてコマツは右肩上がりで成長してきた。そのため、コマツの社内には、固定費やコストが多少高くても、その後また成長すればコスト高は吸収できるという発想が定着していたという。

赤字の原因は、成長を前提とした高コスト・低収益体質だと見定めた坂根氏は、競合他社と比較して比率の高かった固定費の削減に乗り出した。固定費は、人件費や設備償却費の割合が大きかったため、希望退職や子会社の統廃合などに着手した。リストラは何回も繰り返すと、社員の士気が下がり、会社への忠誠心がなくなってしまう。できれば一回限りのリストラで会社を再生するために、何をすべきかを考え抜いた結果、坂根氏は、これまでタブー視してきた雇用に手をつける決断をした。坂根氏が入社して以来、はじめてとなる希望退職を募ったほか、子会社への出向社員を転籍にした。これによって退職した社員は１１００人、転籍者は１７００人に達した。当時のコマツには2万人の社員がいたが、約15％近くの人たちが何らかの痛みを被ったことになる。

「強みを磨き、弱みを改革」というコンセプトの背景には、どのような事業であっても、世界1位、2位のポジションにあれば、勝ち抜いていけるという見通しがあった。この発想のもとで坂根氏は、事業の選択と集中を進め、建設機械、産業機械などのコアビジネスを強化するとともに、子会社の統合に取り組んだ。当時、コマツの子会社の不採算事業は年間に４００億円近い赤字を出しており、その赤字を親会社が補てんしていた。坂根氏は３００社あった子会社を1年半で１１０社減らした。コマツソフト、小松建設の売却など、いわゆるインハウス子会社の改廃を進め、社内向けサービスをアウトソーシングした。また、建設機械の販売・サービスの機能統合や、北米建機の事業再編なども実施した。その結果、連結固定費を２００１年から2003年の期間で380億円減少させることに成功し、売上高固定費比率も競合他社と同水準にまで下げることができた。

そして坂根氏は、次の重点活動項目を設定した。

① グレーター・アジアでの売上拡大
② ダントツ商品の開発（商品開発方針の転換）
③ モノづくり競争力の更なる強化
④ 需要拡大に備えた生産体制の整備
⑤ 循環（レンタル・中古車）ビジネスの確立
⑥ リテールファイナンスビジネスの拡大
⑦ コーポレート・ガバナンスの強化
⑧ コマツウェイの推進

グレーター・アジアでの売上拡大という目標のもとで、コマツは、東南アジア、中国、インド、中近東、CIS（独立国家共同体、旧ソビエト連邦のうちの9カ国）に対して、代理店網の強化、中国におけるコムトラックスを活用した販売・サービス強化、代理店の人材育成強化を掲げた。コマツの販売の基本政策は、代理店販売であり、いかに販売店およびその人材が優秀か、彼らがコマツという企業を理解してもらっているかが売上高を決めていくといっても過言ではない。販売代理店の社員の多くは、現地の外国籍社員であるが、長い間、転職せずコマツの現地法人社員あるいはコマツの代理店の社員として長く勤めている人が多い。結果として、コマツの製品や企業文化、仕事のやり方などをよく理解してもらっていて、良好な関係を築けているという。特に早くから進出したインドネシア、あるいは中国などの代理店は、本社と良好な関係である。また、現地法人のローカル化を進めていて、現在、中国の主要な現地法人のトップは中国人である。これは、現地の方がいかにコマツを愛し、そのやり方を理解しているかという象徴ともいえる。

この新興国を中心とした市場での売上拡大を支えるのが、コムトラックスというユニークなサービス、かつビジネスモデルである。コムトラックスとは、GPS（グローバルポジショニングサービス）を活用したコマツの車両管理システムのことで、コムトラックスを搭載した建設機械は、現在全世界で約34万台にのぼっている。コムトラックスが生まれたきっかけは、1998年頃、盗難にあった油圧ショベルが、ATMを壊して現金を強奪するという事件が多発し、その盗難対策としてGPSを付けたことだった。その後のコムトラックスの普及により、結果としてどの機械がどの場所にあって、エンジンが稼働しているかどうか、燃料がどのくらい残っているか、前日に何時間稼働したのかまでわかるようになった。いわゆる活用すべきビッグデータの基礎ができたのである。このデータの利用は、作業点検の実施状況把握、オペレータへの点検指示、オイルやエレメントの交換などの保守管理、車両の最新状況や位置などの車両管理、稼働時間や稼働場所などの情報管理、燃料消費量や省エネ運転の支援など多岐に及ぶ。またこのデータを活用することで、各国・地域ごとの需要予測、あるいは中古車市場の向上や予測などができるようになった。代金回収にも役立ち、現在のコマツに大きな付加価値をもたらしている。

ダントツ商品の開発というテーマにおいては、競合他社が数年は追いつけないダントツの特徴をもった商品をつくることが目標になった。これは日本のものづくりの力を信じてこその戦略である。坂根氏は、日本経済の長期低迷はあくまでコストなどの問題で、ものづくりの力は世界トップクラスであるとしてこの戦略を推し進めた。また、コストと成長の分離という視点から、従来機より原価を10%以上削減することを決めた。犠牲にする分野を決めて、差別化のポイントを絞った。その代わり、投資する分野も決めた。たとえばコムトラックスについては、2001年からある一定の機種以上のすべてに標準装備することとした。コムトラックスは、20トンクラスの建機の車両価格の約2%にあたる投資であった。

ものづくりの競争力のさらなる強化、そして需要拡大に備えた生産体制の整備というテーマにおいては、コマツは、将来の為替変動、需要変動を考慮し、日本を中心に全世界でバランスよく生産する体制の構築を行うことにした。生産の基本方針としては、需要の大きい地域かつ、市場に近いところで組み立てを行う。しかし、エンジン、トランスミッション、油圧機器などの主要コンポーネントは日本で開発、生産し、怠りなく技術革新を進める。また、開発機能を有する日本のマザー工場が、海外のチャイルド工場の品質、コスト、納期に責任をもって指導する。このマザー工場制による海外工場のレベルアップを行うことによって品質向上をめざすというのである。当時の為替レートの環境下で、日本国内で生産を続けていてコストが見合うのかという議論もあったが、まだまだ日本で生産して大丈夫だという判断をした。そして需要拡大に備えた生産体制の整備を行い、日本においての主要コンポーネント生産能力を拡大し、茨城にダンプトラック工場、金沢に大型プレス、そして超大型油圧ショベルの工場を建設した。また、ダンプトラックの工場はインドにもつくった。

循環ビジネスの確立、そしてリテールファイナンスビジネスの拡大というテーマにおいては、レンタルや中古車の事業の専門化、そしてファイナンス事業の新たな取り組みをはじめることにした。循環ビジネスについては、２００３年に循環事業本部という専門部署を設立し、２００６年に販売代理店子会社であったグループレンタル会社９社を代理店から分離し１社に集約した。そしてコマツクイック社のオークションを活用した中古車事業の強化を行った。またリテールファイナンスビジネスについては、海外でのリテールファイナンス子会社の設立を、

2003年にチリ、2005年に欧州、タイ、インドネシア、2007年に中国と進め、日本でも2005年にリテールファイナンス事業を開始した。この事業については順調に推移しており、2012年度で年間約100億円の利益をあげている。

さらに坂根氏が、構造改革のなかで力を入れたのが、コーポレート・ガバナンスの強化とコマツウェイの推進である。

4 コマツウェイ

坂根正弘氏は、なぜ「コマツウェイ」なのかと題して、コマツウェイをつくった理由を述べている。

ここまで、生産や開発など会社の個別機能を強化する方策について書いてきました。しかしいくら現場が強くても、会社の舵取りをするマネジメントが弱ければ、企業としては力を発揮できません。このマネジメント力を継続的にどう引き上げていくか。そこであれこれ考えた末につくったのが、コマツの経営の基本を書き込んだ『コマツウェイ』という冊子であり、「コマツウェイ推進室」という専門の部署です。

(『ダントツ経営』185頁)

コマツウェイは、坂根氏が、社長の座をそろそろ後進に譲ろうと考えはじめた２００５年に、後任の社長に宛てて社長業務の引き継ぎメモを作成したことからはじまった。しかし、坂根氏は、次の社長がこの引き継ぎメモを尊重してくれたとしても、その先の社長についても代々引き継がれるかどうかについては、確信がもてなかった。そこで坂根氏は、「コマツウェイ」として冊子にまとめて全社員に公表し、誰にでもわかるかたちで会社の軸をはっきりさせておこうと考えた。こうしてできたコマツウェイは「マネジメント編」と「全社共通編」の２つに分かれている。

「マネジメント編」は、社長にとってのコマツウェイである。

1　取締役会を活性化すること
2　社員とのコミュニケーションを率先垂範すること
3　ビジネス社会のルールを遵守すること
4　決してリスクの処理を先送りしないこと
5　常に後継者育成を考えること

（『ダントツ経営』186頁）

ここで坂根氏が「取締役会を活性化すること」を真っ先にあげた理由は、コマツではかつてに一部の人の独断でことを運ぶ時代があり、社員のモチベーションが著しく下がったことがあったからだという。そこで坂根氏は、社長になってからは取締役会で十分な議論を行い、異論を含めた検討のうえで、皆の賛成を取り付けて実行に移すという、社長の暴走を許さないガバナンス体制にした。たとえば、坂根氏が社長の時代、ある買収案件があって、坂根氏はそれを推進したい立場だった。新ガバナンス体制におけるこの案件の検討結果は、4億2000万ドルまでだったら社長以下執行部は買収を実行してよいというものだったが、先方が提示した買収額が大きすぎて結局は見送らざるを得なかった。このように坂根氏は、自分でつくったガバナンス体制によって、自分がやりたかった買収案件を断念したことになるが、このようにガバナンスが効いていて、経営トップの単独での暴走はできないような仕組みにした方が、会社はよくなるというのが、坂根氏の考えである。また、子会社についても同様で、非常勤役員になっているコマツの幹部が必ず取締役会に出席し、親会社から見たそれぞれの案件へのコメントを行うようにしている。以前は、先輩にあたる子会社の社長に対して意見がいいにくいという雰囲気もあったようだが、今はまったくないとのことである。

第2項は「社員とのコミュニケーションを率先垂範すること」である。現在ではコマツの社長は、決算のたびに各事業所を回り、会社の現状や方向性を説明している。海外拠点向けには、ビデオ撮影した映像を配信している。また、協力会社や代理店にも同じように会社の現状や方向性を説明している。その効果について、坂根氏は次のように述べている。

会社の状況を率直に話す、しかもそれを継続していくと、社員もそれを受け止めて積極的に動きだすものです。会社の状況をできる限り多くの人が共有することは、きわめて大事なことです。

（『ダントツ経営』191頁）

第3項は、「ビジネス社会のルールを遵守すること」である。コマツの事業責任者や子会社のトップは、毎月1回「フラッシュレポート」というA4判1枚の簡単な報告書を社長に提出するが、以前のレポートでは、一番上に業績や生産状況を書いていたという。しかし坂根氏は、「工場で労働災害が起こった」「社員が酔っ払い運転で捕まった」など不祥事を一番上に書かせることにした。トップが何を重視しているかを、このような形で「見える化」することは、コンプライアンスの精神を徐々に組織全体に根づかせていくことになる。

第4項は、「リスクの処理の先送りをしないこと」である。坂根氏は、これを海外から学んだという。日本企業においては、不祥事の情報はなかなか幹部に上がってこないが、海外ではすぐに報告がある。これは日本においても徹底すべきだと坂根氏はいう。特に安全については大きな問題で、「失敗は責めない、再発を防止しよう」ということを現場において明文化し、軽度であっても事故があれば当日、もしくは翌日までに報告するようにした。そしてそのレポートは安全担当責任者だけでなく、労災担当者にも報告が伝わるようにして、事故発生部署は1週間以内に議論をして再発防止策を作り、徹底する。2011年からはこれを推進している限り、失敗は責めないというルールにした。そうすると、地域をまたがって、たとえば米国での事故について欧州からいろいろな改善策や意見が出てきたりするような土壌が生まれた。安全は世界中の知恵を共有できる領域であり、まず再発防止策を徹底することが大切であると考えた。

第5項は「常に後継者育成を考えること」である。コマツでは、部長以上に対して、後継者選びの策定を義務付けている。後継者を誰にするかをリストアップして定期的に見直し、年1回はトップに報告して話し合うというルールである。

次に、社員向けのコマツウェイである「全社共通編」においては、次の7つの項目が掲げられている。

1　品質と信頼性の追求
2　顧客重視
3　源流管理
4　現場主義
5　方針展開

6　ビジネスパートナーとの連携

7　人材育成・活力

この「全社共通編」については、社内のコマツウェイ成文化プロジェクトチームが、約半年でドラフトをつくり上げた。プロジェクトチームは、全社員で共有できる価値観を明文化しようとして、シニアの日本人社員約35人を対象に「これだけは引き継ぎたいこと」のヒヤリングを行った。「全社共通編」の内容としては、抽象的なものよりは行動基準に近いものを心掛け、「脈々と受け継がれるべき価値観、心構え、行動様式」とした。

コマツウェイのひとつの中心的メッセージは、社員一人ひとりが自分の仕事を常にレベルアップしていって欲しいということである。そのためには情報を共有することが大切であり、コマツでは現在、経営に関する情報も全社員で共有するようにしている。当初は、「そうした情報はマネージャーなど管理職が知っていればいい」「そうでないと自分たちの権限がなくなる」といった意見も出たが、実行してみると、そのような声は出なくなり、今では以前から実施しているように当然のものとなっているという。

コマツでは、「マネジメント編」と「全社共通編」の2つのコマツウェイを定めるだけではなく、その社内での普及にも努めている。石川県にあるコマツウェイ総合研修センターは、コマツウェイを全世界のコマツグループ各社に普及させることをねらいとしている。コマツウェイ総合研修センターは、創業90周年を機に２０１１年につくられ、従前は栃木県や大阪府の社内施設で実施していたさまざまな研修やサービストレーニングが集約されている。また、コマツウェイ総合研修センターでは、全社会議やグローバル会議も行われる。特にサービス教育に関しては、「戦略市場（日本、北米、欧州を除く地域）」の拡大とＩＣＴ（情報通信技術）の進化を見すえて、新規のプログラム・教材の開発を進め、コマツウェイ総合研修センターはサービス教育のグローバルな発信拠点としての役割を担っている。施設内には、大型プレス機械の組立棟だった建物を活用した、テクノトレーニングセンターもあり、建設機械だけでなく、フォークリフト、産業機械の実機を揃え、サービストレーニングを行っている。最寄りの小松空港は、羽田空港、韓国・仁川空港などのハブ空港から近く、グローバルに便利だという利点もある。

さらにコマツウェイについては、各職場での定期的な集会を開き、考え方の説明や体験談の発表により、世代間のコミュニケーションを通じた伝承や定着をはかっている。海外グループ会社では、習慣や文化の違いを踏まえたわかりやすい説明を行い、コマツウェイの普及推進に努めている。そして、グローバル・ポータルサイトでは全世界のグループ社員がコマツウェイの関連情報を閲覧できるようにしている。毎月、コマツウェイ語録の解説と、それにもとづく社員の体験談を掲載した「K-Way.net（ケーウェイドットネット）」を発信している。

２０１１年度には、さらなる普及に向けて、コマツウェイの冊子を改訂した。改訂の主要な内容は、考え方や価値観の解説文をわかりやすくしたこと、事例を追加したこと、そしてコマツのブランドマネジメントの考え方を追加したことである。コマツのブランドマネジメントの考え方とは、お客さまからの信頼度を向上させること、そして、お客さまとの関係性を向上させることである。これは、いいかえると、「お客さまにとってコマツでないと困る度合いを高め、パートナーとして選ばれ続ける存在となる」ということである。

２０１２年度には、前年度のコマツウェイの冊子の改訂を受けて、国内主要拠点およびグループ会社において、管理職層に対する説明会を実施した。これを受けて管理職は、日常業務を通して、コマツウェイの考え方や心構えを、現場の社員に伝承している。さらに海外現地法人では、コマツウェイの冊子の改訂版を、日本語から現地語へ翻訳する作業を実施した。この作業には、現地の経営者層が参画し、社員にわかりやすい表現にするために議論した。

コマツにおいては、コマツウェイがビジョンのような位置付けになっており、これによって行動規範がつくられ、見える化、数値化がはかれるようになっている。また、コマツウェイの大切なポイントとしては、価値観の共有化があげられる。グローバル競争を勝ち抜くには、もちろん言葉も大切だが、価値観が共有されていることが最も大切だという。たとえばコマツでは、中国の社員にも同じ教育をしているが、中国の価値観とは相容れないこともあるという。それでも彼らがよく使う「発展空間」という言葉がある。自分の成長ができるということを実感できる組織にいるということである。そういう組織をつくるためにも価値観の共有は大切だ。コマツのグローバル経営は、現地のことは現地の人に任せるという方針であるが、そのためにも価値観の共有が欠かせない。２００８年に中国、河北省の石家荘という都市にあるコマツの代理店の中国人経営者は次のように語った。

私がコマツ製品を売りはじめて12年が経ったが、最初の6年はいろいろ悩みがあった。そのころ私は代理店は「ハンター」(狩猟者)だと思っていた。とにかく腕を磨いて「獲物」(お客)のいそうなところへ出向いて、それを仕留める。そんな感覚で仕事をやってきた。しかし7年目くらいから「これは違うな」と思うようになった。そのころから、代理店は「ファーマー」(農家)だと考えるようになった。過去のお客さんにも情報を提供したり、よいサービスを提供したりすることで、定期的に「収穫」(買替え需要)が得られる。地道な取り組みでコマツや代理店の評判が上がれば、新たな顧客も自然に獲得できるようになる。それがわかって、いまの商売でずっとやっていけるという自信が生まれた。

(『ダントツ経営』43頁)

この話を聞いた坂根氏は、コマツウェイを共有してくれていることに感激したという。このような代理店との信頼関係は一朝一夕にはできないし、競争相手が真似しようとしても簡単に真似できない経営資源となる。

５　長期経営の考え方

坂根氏は、講演（早稲田会議）で、次のように述べている。

短期を20～30年、中期を50～１００年、長期を２００～３００年で見ると、絶対ここはこうなるということがあります。それをしっかり頭においてあらゆることを考えていけば多分間違いないはずなんですね。

過去20～30年はどうだったかというと日本のバブル、アメリカのＩＴバブル、中国バブルなどを経てリーマンショックが起こった。これから中長期の変化として、人口が増え、都市化が進む、など課題が見えてくる。

（日本経済新聞２０１３／７早稲田会議抄録）

このような長期的な見通しから、坂根氏は２００１年にコマツの社長になったときに３つの話をしたという。第1に、日米欧の時代が終わって新興国を含めたグローバル時代がくること、第2に、人口が増え、都市化が進むので資源、エネルギー、食糧、水、地球環境が大切な時代になること、第3に、日本がものづくりで負けることはないことである。

坂根氏の資源についての見通しは、新興国ブームもあり、すぐにコマツの業績に結びついた。また地球環境という点では、省エネ技術を磨こうということでハイブリッド建設機械を開発し、2008年の市場導入につなげた。

企業価値については、坂根氏は次のように定義している。

社会、株主、お客様、販売代理店、協力企業、社員などの全ステークホルダーから得られる信頼度の総和

坂根氏の考えはこうだ。社会に対しては、雇用を増やし、コンプライアンスを守る。株主に対しては、業績をあげて、配当を増やす。社員や代理店・協力企業には業績をあげて給料を増やすのとともに「いい会社で働いていますね」といってもらえるようにする。顧客に対しては、「コマツでないと困る度合い」を尺度にブランドマネジメントを行う。そしてこの企業価値をつくる基礎となるのが、コマツウェイである。

加えてコマツでは、培った企業価値を世代が変わっても引き継ぎ、向上していく会社をめざ

して、グループ全体でコーポレート・ガバナンスを強化し、経営効率の向上と企業倫理の浸透、経営の健全性確保に努めている。そのために、１９９９年に以降は執行役員制度を導入し、法令の範囲内で経営の意思決定および監督機能と業務執行機能の分離と同時に、取締役会の構成員数を少数化し、社外取締役および社外監査役の招聘を行うとともに、取締役会の実効性を高めるべく、経営の重要事項についての討議の充実、迅速な意思決定ができる体制の整備など、運用面での改革をはかっている。また、業務執行を補完する手段として、インターナショナル・アドバイザリー・ボード（ＩＡＢ）を設置している。こうしたガバナンスの改善によって、コマツでは、社長が暴走することができなくなり、持続可能性が向上しているという。

6　第2次経営構造改革

野路國夫氏が社長時代に行われたコマツの第2次経営構造改革は、リーマンショックにより収益が急速に悪化するなかで進められた。「製、販、在改革と業界トップレベルの財務体質」をテーマに改革が行われた。２００９年は建機需要が前年までの約半分になるなど、急変した市場環境のなかでの改革だった。

これに対応するためコマツでは、第1に、フレキシブルな生産体制をめざした。日本においては真岡工場を閉鎖し、ダンプトラック生産を茨城工場に集約。川越工場を閉鎖し、小型機械生産を栃木工場に集約した。さらに小松工場を閉鎖し、大型プレス生産を金沢工場に集約した。以上により、日本国内では8工場が5工場になった。

北米においては建設機械とフォークリフトの2工場を閉鎖し、他工場に集約した。林業機械工場、リマン、板金工場を閉鎖し他工場に移管した。以上により、北米では8工場が3工場になった。

加えて、生産能力の有効活用のために、同一の機種を複数の工場で生産し、需要や為替の状況に応じて生産できるクロスソーシング体制の整備を進めた。粟津工場のホイールローダ生産ラインとモーターグレーダ生産ラインの統合や、栃木工場のミニ建機とフォークリフトを同じ生産ラインで行うなど、生産ラインの合理化を行った。

第2に、販売体制の再編に取り組んだ。まず国内では、固定費削減のために、建設機械については、国内販売会社12社を統合し「コマツ建機販売」を設立した。フォークリフトについては、国内販売会社9社を統合し「コマツリフト」を設立した。そして、販売価格改善のために、シェア重視から収益重視へと大きく方針転換を行った。具体的には本体・部品の定期的な値上げを行うことを定着させた。

グローバルには、戦略市場でのポジション拡大、そして販売・サービス体制の強化を行った。

198の代理店で需要の99％をカバーするようにし，代理店サービス員の育成を進めた。第3に，商品戦略の集中化を進めた。「ダントツ商品の導入拡大」というキャッチフレーズのもと，ハイブリッド油圧ショベル，無人ダンプトラック運行システム，ICT建機などの開発を進めた。

第4に，リテール販売の見える化と在庫適正化に努めた。グローバルな生産・販売・在庫管理体制を確立し，代理店在庫ゼロ活動を実施した。在庫はコマツの資産として計上し，代理店は販売・サービスに特化する体制を採用した。また，在庫適正化により，乱売を防止する体制を整えた。

第5に，鉱山機械の売上高拡大に取り組んだ。顧客別の継続的改善によってライフサイクルコストを低減させた。また生産能力の拡大にも取り組み，売上高は順調に成長している。

第6に，補給部品の売上高拡大にも取り組んだ。これは一度売れば終わりという車両のビジネスと違って，継続して売上げが立つビジネスモデルである。そのために，代理店とコマツの部品在庫責任を明確化した。また部品デポを設置することにより，翌朝には必要な部品が届く翌朝供給率を向上させた。そしてグローバルなリマン拠点としてエンジン・トランスミッションはインドネシアに，走行モーターはチリに集約，戦略部品の品揃え拡充と販売戦略の強化を行った。これにより補給部品の売上高は順調に成長している。

第7に、建機本体の原価改善も進めている。また、国内工場では車体組み立てラインの生産性を2009年から2011年にかけて約40％向上させている。

その後もコマツの経営構造改革は続く。コマツは東日本大震災後、2015年度に国内の電力使用量を10年度比で半減させる目標を掲げて、老朽工場の刷新に着手した。これについては300億～400億円を投じる計画であり、粟津工場（石川県小松市）での取り組みがその第一歩となる。大阪工場（大阪府枚方市）や小山工場（栃木県小山市）、栃木工場（同）でも順次建て替えを進める。この目標が実現すれば、電気代の節約分により10年程度で投資を回収できるという。

そのために、粟津工場の新組立工場では、設備の電源や配管は地下ピットに収めた。床の段差がないので、組み立てラインの近くまで台車で部品を運べる。クレーンやフォークリフトを使う必要がなくなった分、節電ができる。現社長の大橋徹二氏は次のように述べる。

老朽化した工場を抱える企業は多い。円安などで増えた収益を何に投資していくかが重要だ。

（日本経済新聞2014／5／31）

コマツの第2次経営構造改革の成果は、坂根氏の改革で行われたことをベースに、さらなる構造改革を推し進めたことである。特に「見える化」される部分を、さらに徹底させていったことが、強靭な企業体質の形成につながっている。

７　中期経営計画（ＦＹ２０１３‐15）

コマツの現在、そして今後について見てみよう。現在の中期経営計画は下記の通りだ。コマツは、建設・鉱山機械産業を、長期的に需要の伸長が見込まれる成長産業と認識しているが、２０１３年についていては、堅調な日本市場や市況が回復に転じた中国市場において需要が増加する一方で、資源価格の回復の遅れにともなう鉱山向けの需要が減少しているという。このように市場の変化が激しく、今後の見通しには不確定要素が多い。

大橋氏は、インタビューに答えて次のように述べている。

――新車需要が伸びないことを前提に利益成長の基盤をつくる。

（日本経済新聞２０１４／７／３）

コマツの現在の中期経営計画（ＦＹ２０１３‐15）のキャッチフレーズは、「全世界のコマツグループ社員、販売代理店および協力企業などパートナーの皆さんと力を合わせ、お客様の現場をお客様とともに革新し、新しい価値を創造するイノベーションを提供することで、コアビジネスである建設・鉱山機械事業、産業機械事業での成長を目指します」である。そして「Together We Innovate GEMBA Worldwide」というキャッチフレーズをつけた。Together は顧客、販売代理店、協力企業、社員の総合力であり、Innovate は新しい価値の創造であり、GEMBAはすべての活動の原点は現場にあるということであり、Worldwideは現場は世界中にあるということである。基本戦略となるのは、イノベーションによる成長戦略、既存事業の成長戦略、土台強化のための構造改革（成長とコストの分離）の3つである。

第1のイノベーションによる成長戦略については、ダントツ商品、ダントツサービス、ダントツソリューションをキーワードに実行しようとしている。具体的には稼働現場に精通し、顧客との共創型のイノベーションを強化するべく、顧客の稼働現場の生産工場化をめざして、その生産性や安全を向上させることに貢献しようとしている。またICT、要素技術を活用した将来建機や、次世代鉱山機械の開発を進めようとしている。イノベーションを実現するために他社と協業を行うことも謳われている。

第2の既存事業の成長戦略としては、価格競争から一線を画し、販売流通網、トータルコスト構造、お客様との関係性を構築する活動に傾注しようとしている。コムトラックスや部品売上げの拡大、そしてレンタルや中古車事業やファイナンス事業などによるバリューチェーン全体での売上げの拡大をめざしている。また、有望市場での販売サービス体制の構築や強化、ブランドマネジメント活動の推進にも取り組もうとしている。

第3の土台強化のための構造改革としては、電力使用量の半減やコストの大幅削減、グローバルな在庫の適正化、顧客と工場の直結化、補給部品の事業改革、グローバル人材の育成と活用に重点的に取り組もうとしている。

電力の見える化による無駄の排除、生産技術改革による電力使用量削減と生産性向上、工場建屋の統合や更新、代替エネルギーの活用として太陽光や地下水の活用、コージェネ、バイオマス発電、炉等の排熱利用促進を具体的な方策としている。たとえば、大阪工場では電力の見える化、およびそれによる照明や空調の無駄の排除、ガスコージェネを3基配備して徹底した排熱の活用をすることにより電力の使用量半減をめざしている。

全体としていえることは、新しい中期経営計画では、市場環境が不透明ななかで、コマツウェイ、見える化をベースにしながら、成長とコストの分離を推し進める、との方針が示されている。そしてそのなかで、安定した収益を得るために、販売からメンテナンス事業などへの収益源の変更など、ビジネスモデルを変化させていく戦略が謳われている。

8　まとめ

コマツの社長、会長を務めた坂根正広氏は「代を重ねるごとに強くなる会社」を標榜した。そのために坂根氏はコマツウェイをつくり、あるべき会社のき姿をビジョンとして示した。坂根氏がつくったコマツでは、コマツウェイは、続く社長の野路國夫氏、大橋徹二氏にも継承されている。現在のコマツでは、コマツウェイが長期的な経営のビジョンの基礎をなすものとなっており、これをベースに3年の中期経営計画を定めることがコマツの経営の流れになっている。特に坂根氏が社長時代に、経営のすべてに対して見える化、数値化をする企業文化をつくり、実践したことが、コマツを変えた。そしてコマツウェイが企業文化として、また社員の行動様式として定着していくなかで、コーポレート・ガバナンスが強化されている。コマツウェイの意義は、企業文化の明確化、そしてガバナンスと社員行動の基準をつくったことであり、そのなかで見える化や、成長とコストの分離が進められた。コマツの経営においてコマツウェイの果たしている役割は大きい。

■参考文献

坂根正弘（2011）『ダントツ経営』 日本経済新聞出版社。 坂根正弘　第三回早稲田会議記念講演（2012年5月早稲田大学井深記念ホール）日本経済新聞2013／7早稲田会議抄録）
日置政克（2013）『コマツウェイを経営に生かすための仕組みづくりと経営改革』 企業研究会ビジネスリサーチ
日本経済新聞2014／5／31
日本経済新聞2014／7／3
日経産業新聞2014／7／14
日経産業新聞2011／10／31

■第７章

オムロン

長期ビジョンによる価値創造とは

1　オムロンの歴史

オムロンは立石一真氏によって、1933年（昭和8年）に創業された。

一真氏は1921年（大正10年）、熊本高等工業学校の電気科を卒業し兵庫県庁に電機技師として奉職、社会人の第一歩を踏み出した。そして、学友の紹介で（株）井上電機製作所に入社、アメリカで開発された〝誘導形保護継電器〟の国産化開発に取り組み、このとき身につけた技術が立石電機（現オムロン）創業の基礎となった。

1929年（昭和4年）の世界大恐慌で不況風が吹き荒れ、翌年に、熊本県出身者としての肥後もっこすの反骨精神も手伝い、同社を希望退職。個人で実用新案をもっていた家庭用品のズボンプレスをもとに、京都市下京区（現南区）四ツ辻九条下ルに〝彩光社〟を設立し、自転車で京都市内はもちろん、遠く大阪まで飛び込みで訪問販売してまわった。またナイフグラインダを考案、東寺の縁日で露店販売も行った。この苦闘のなかで、販路の確保、取引条件の整備、説明販売、広告などの大切さを身につけた。オムロンの社風＝企業文化に〈まず、やってみる〉がある。一真氏は語録のなかで「ものごと〝できません〟と云うな。どうすればできるかを工夫してみること」と述べている。できませんと安易に言ってしまえば、そこですべてはおしまいだ。いい加減にせず、どうすればできるかを考え抜いてこそ頭は鍛えられ、人間は成長できる。この終生変わらぬ姿勢こそ、オムロンの発展を支えた信条であり、若い一真氏の体験からくるものであった。

1932年、苦しい商いの中で専門の電機産業への意欲は高まる一方のころ、学友の示唆から誘導形保護継電器と油入電流遮断器を組み合わせたレントゲン写真撮影用タイマを開発した。商機ありとみて、昭和8年に大阪・東野田に立石電機製作所を創業、オムロンの基礎を築いた。このとき、七転び八起きの願いを込めた立石電機の社章を自らデザインしている。

1935年、電気雑誌OHMに「継電器の専門工場」の1ページ広告を載せたのも当時としては画期的であり、時代への先見性からだった。大口注文も得るようになり、1936年に西淀川区の野里に二百坪もの工場を建設、さらに1937年には東京進出を図った。1941年、東大航空研究所からマイクロスイッチ国産化の依頼があり、研究を重ねて1943年にはマイクロスイッチの国産初の製品化に成功した。

1944年、太平洋戦争の影響により京都に工場を設け、これが戦後の本社工場となった。戦後の立石電機は〝火力の調節できる五徳付き電気七輪〟がキャッチフレーズの電熱器をはじめ、女性のヘアアイロン、マイクロスイッチ応用の蒔絵を施した卓上電気ライターなどを生産。1950年に立石電機（株）を再建し、新たなスタートを切った。一真氏は、

「生産こそ祖国復興の基本。とくに技術革新こそが経済発展への道だ」と語り、マイクロスイッチリレー、温度スイッチ、圧力スイッチなどを開発、販路拡大を図った。

1952年、一真氏は2つのまったく新しい知識に出会った。ひとつは、日本の能率学の草分けだった上野陽一氏を囲む勉強会で自動制御技術を指す「オートメーション」という言葉に初めて触れたこと。もうひとつは、西式健康法の創始者・西勝造氏から『サイバネティクス』の話を聞いたことだ。

サイバネティクスは、数学、生物学、化学、電子工学、通信工学、医学など14もの学問からなる総合科学で、この応用がサイバネーション。オートメーションとの関連で考えると、自動制御技術にフィードバック機能が付加されるとオートメーションになり、それに電子計算機を組み合わせるとサイバネーションとなる。

この2人の師から得た新しい知識は、オムロンが自動化技術こそ将来有望な技術であると感じ取る重要な契機となった。

一真氏は1953年、渡米して米国オートメーションの実情を学び、組織の抜本的見直しに着手。そして、

「条件整備さえ先行させれば、企業は自ら成長する。その条件は、(1)経営理念を明確に打

ち出す、⑵人間の本能的行動に従う、⑶本能的行動が企業を伸ばすよう施策目標をつくる、⑷働き甲斐のある環境をつくる、⑸全員参画のシステムをつくる、⑹社会のニーズを素早く捉える、⑺常に自主技術の開発に努める、の７つだ」

と説き、組織の改革を進めた。一真氏は国産初のマイクロスイッチの開発に関して、

「世の中Ｂａｄと決めつけるのはたやすい。しかしNeed Improvement（改善の余地あり）でなければ、創造の将来はない。〝まずやってみる〟がわれわれが築き上げてきた企業文化なのだ」

という言葉を残した。

このような環境の中で、一真氏は〝毅然たる経営方針は何か？〟を模索していた。１９５６年、経済同友会において、

「経営者の社会的責任とその実践」

をテーマに研究した。そこで、企業は利潤追求のためのみにあるのではない、社会に奉仕するために存在するのだと結論づけた。

一真氏はこれを社憲として

「われわれの働きで　われわれの生活を向上し　よりよい社会をつくりましょう」

とまとめ、１９５９年の創業記念日に、社の内外に示した。

「われわれの生活とは、小乗的には全社員の生活であり、大乗的には全人類です」

と、全社員が朝礼時に唱和することで、この社憲を自覚して仕事にかかわった。社外にも全社員の名刺に印刷、私どもはこの精神で働いていますと広報・PRした。社名がオムロンになり、グローバルに事業を展開する現在でも、この社憲こそがオムロンの精神といえる。

1957年、トランジスタラジオを聴きながら一真氏は、かつて送電線保護装置の開発に使用したサイラトロン真空管を連想、

「接点のないスイッチができないか。そうなれば寿命一億回の高性能・長寿命の機能部品も夢ではない」

と考えた。

同年五月十日の創業二十五周年記念式典で、「五年以内に無接点スイッチを開発せよ」の指令を出し、若手研究員が開発に当たった。

1963年、東京国際見本市のアメリカ館が自動券売機と紙幣硬貨両替機を展示するとの情報を得て、オムロンはアメリカをしのぐ自動券売機と両替機の開発に急遽取り組み、見本市の実演に成功した。この技術をもとに、100円・50円・10円硬貨で7種類の食券を購入できてつり銭が出る「多能式自動食券販売機」を大丸百貨店京都店に納入。自動化・無人化を唱えるサイバネーション革命の第一歩となった。

また、モータリゼーションが進み、交通事故の防止や混雑の緩和といった交通制御が大きなニーズとなった１９６０年代。オムロンは科学警察研究所からの開発依頼を受け、「車輌検知機および信号制御システム」を開発。１９６４年に京都市河原町三条交差点で導入実験に成功し、同年、東京九段三丁目交差点に設置した。その後、信号機制御の役割や範囲を次々と進化させ、交通管理システムの基礎をつくっていった。

１９６０年代中ごろから、社会のさまざまな分野で自動化・省力化への期待がますます高まる中、オムロンは新しい鉄道駅のあり方に目を向けた。１９６４年から近畿日本鉄道と共同で「定期乗車券自動改札装置」の開発に着手。その後、阪急電鉄の北千里駅で定期乗車券と普通乗車券の両用自動改札機の導入に挑戦し、ついに１９６７年、世界初の無人駅システムが実現した。

１９６５年、オートマティック・キャンティーン社（米）の要請で、世界初のカード式自動食品販売機を開発。その後、カードシステムの開発に取り組み、１９６９年には磁気カードによるオフラインの現金自動支払機が住友銀行で稼働。１９７１年には、世界初のオンライン・キャッシュ・ディスペンサーを三菱銀行本店で稼動させた。これらの取り組みは、現代の磁気カードシステムの基礎となり、「キャッシュレス時代」が幕を開けた。

１９７１年、社会福祉法人「太陽の家」創設者の中村裕博士と作家・評論家の秋山ちえ子さんがオムロンを訪問。

「障害者に必要なのはチャリティではなくチャンス」

との思いから、重度身体障害者の専門工場の建設・運営への援助を依頼された。

翌年、大分県別府市に「オムロン太陽電機株式会社」（現・オムロン太陽株式会社）を設立。1981年には第2工場、1986年には「京都オムロン太陽電機株式会社」（現・オムロン京都太陽株式会社）が操業をはじめ、現在に至っている。

オムロン太陽電機の操業開始（1972年）にあたり一真氏は、次のように記している。

「私はこの創業式で、重度身障者を前にしてあいさつをせねばならぬ立場にあったので、気が重かった。気の毒な境遇の人たちを、まともに正視できるかどうか心配でもあった。しかし、壇上に上がってあいさつを始めると、そんなことはものの5分もたたぬうちにすっかり忘れてしまった。というのは、「さあやるぞ！」といわんばかりの意欲のみなぎった顔がいっぱいで、工場が実に明るかったからである。フレンチ・ブルーの作業服にオムロンのマークを胸につけた28歳の吉松工場長が、車椅子で前に出て、凛々しいあいさつをしてくれるのを聞いて、私は胸が熱くなる思いであった」。これにより、一真氏の「企業の公器性」に対する想いは確信へと変わっていった。

技術先行型企業を目指した立石電機を、オートメーション機器から情報システムメーカーへ飛躍させた一真氏は1979年、立石電機の売上1000億円を機に、46年間にわたる社長の座を長男孝雄（1995年に逝去）に譲り、会長に就任した。

会長となった一真氏は、さらに先見性、洞察力を高め、1983年、創業五十周年の年頭に
「大企業の仲間入りをした立石電機は、大企業病にかかっている。大死一番、意識革命に徹し、創業の精神に還り、徹底的分権により中小企業的な組織と簡潔な制度で活性化を図ることこそ、五十周年にふさわしい大仕事である。全員でこれに挑戦してほしい」

と指示した。

これを受け立石電機では、全社あげて大企業病の一掃をテーマに、次なる半世紀への挑戦に向かった。1987年、一真は取締役相談役に就任。併せて会長に長男・孝雄、副会長に次男・信雄、社長に三男・義雄がそれぞれ就任した。

一真氏は後に、

「私の『大企業病』が、その年の秋には日用語化したが、ここまで有名になるとは、私自身考えてもいなかったので、初めはいささか驚いた。が、考えてみれば、世の中には大企業病に悩まされている会社がたくさんあるのだから、マスコミが取り上げるのも当然であった。ただし、私といえども、ただ不用意に外に向かって『わが社は大企業病にかかっています』などと恥を話すはずはない。十分に対策を練り上げて、成算があったからこそ話題にしたの

である」

と述べている。

相談役としての一真は、立石電機の行く末を脳裡に描きながら、1990年1月、立石電機から「オムロン株式会社」への社名変更を支え、〝新生オムロン〟への期待をつぎのように語った。

「オムロンは社名変更で第3の創業を迎えることになりました。これで立石電機製作所は2度目の社名変更をしたことになります。1回目は1948年の『立石電機株式会社』です。ところが今度の社名変更について、マスコミは2つの疑問をもったようです。

一．創業者の存命中の社名変更は珍しい。

二．社名から『立石』が消えた。」

その答えとして、

「昭和四十五年に初めて欧州で転換社債を発行し、向こうの業界に説明に行った時ふと気がついたことだが、いずれ各国で上場されて新聞の株式欄に社名がでるだろう。そのころの英語の社名は『TATEISI ELECTRONICS CO.』だったから、『TATEISI』とでるだろう。海外の方には、その発音がむつかしいらしい。そこで、このさい英語の社名を『OMRON TATEISI ELECTRONICS CO.』に変えることにした。そして将来、社名を変えるときには、真ん中のTATEISIをとる。それが今度の第3の創業で実行されたということである」と述べている。社名を変更した翌年の１９９１年、一真氏は90歳で没した。

ファクトリーオートメーションがいっそう進化した１９９０年代、オムロンはセンシング技術と情報処理技術を組み合わせ、「最終工程での人による検査」を「インラインでの自動検査」へと転換させていった。１９９１年に汎用検査機Ｆ３００「画匠」を、１９９６年には基板実装ラインにおける基板はんだ検査装置「VT-WIN」を生み出した。

創業70周年を迎えた２００３年5月、「けいはんな学研都市」に新しい協創型Ｒ＆Ｄのグローバル中核拠点となる「オムロン京阪奈イノベーションセンタ」が誕生した。「協創」とは、研究者たちが最高水準の技術を持ち寄り、より高い価値を生み出すことを意味し、研究開発のキーワードと位置づけられている。オフィスやラボのデザインからネットワークシステムまですべてにわたって協創の実現をめざしてつくられたこの拠点から、「人と機械のベストマッチング」を実現する新しい技術を次々と生み出している。

経済成長が著しい中国を戦略パートナーと捉えるオムロンは、事業拡大のスピードアップを図るため、２００2年当時の中華圏のエリア地域統括会社を中国本社に昇格させた。また、同年には深圳に電子部品の生産中核拠点を設立、２００6年には上海に制御機器のグローバル生産中核拠点を設立するなど、生産基盤の強化を図った。

地球温暖化などの環境問題が大きな社会的課題として高まるなか、2009年に環境事業推進本部を立ち上げ、今後ますます成長への期待が高まる環境事業に本格参入した。電力監視機器、電力センサ、直流リレーなど既存の省エネルギー関連機器の提供だけでなく、これらを組み合わせたCO_2見える化システム「e-watching」や削減コンサルティングにより、省エネルギー・創エネルギーソリューション事業を展開。2010年には、エネルギー消費の改善余地を自動的に分析する世界初のCO_2見える化システム「ene-brain」を開発した。

2 オムロンの企業概要

オムロンは、本社を京都市におき、年間の売上高が7730億円、営業利益が681億円（2013年度）、従業員数はグループで3万6842人（2014年3月末）である。主な製品の売上高比率は、インダストリアルオートメーションビジネスと言っている制御機器、FAシステム事業が38%、エレクトロニック&メカニカルコンポーネンツビジネスという電子部品事業が13%、オートモーティブエレクトロニックコンポーネンツビジネスという車載電装部品事業が16%、ソーシャルシステムビジネスという社会システム事業が11%、ヘルスケアビジネス、健康医療機器、サービス事業が11%、その他が11%となっている。ヘルスケアビジネス以

外はB2Bの事業である。（2013年度）

制御機器・FAシステム事業は、製造現場の生産性向上を担うべく、FA（ファクトリーオートメーション）用コントローラから、センサ、スイッチ、リレー、セーフティ機器まで、10万仕様を超える豊富な製品を提供している事業だ。制御機器やセンシング機器、コントロール機器といった制御機器において、国内No.1シェア（40％）を誇り、海外においても、欧州、北米、アジア、中国を中心に世界80カ国で事業を展開している。特に近年では、多様化する製造現場の経営課題を解決すべく、「ソリューション事業」に注力している。

電子部品事業では、リレー、スイッチ、コネクタなどの基幹商品を中心に、新しいデバイスやモジュールなど、産業機器から業務民生、車載領域にいたるまで、さまざまな分野に合わせた幅広い商品群を展開している。たとえば、ハイブリッドカーや電気自動車、燃料電池車など、クリーンエネルギー車に対応するDC高容量リレーは、今後さらに需要の増加が見込まれる。また、デジタルカメラなどに搭載されている、人の顔を自動で見つける顔認識技術（OKAO Vision）、携帯電話の小型マイクロフォンに対応する超小型で高感度のMEMSマイクロフォンチップや、高輝度、高精細な携帯電話向け液晶用バックライトなどの電子部品である。

車載電装部品事業は、自動車に組み込まれる各種コントローラやセンサー・スイッチ・リレーなどが中心である。挟み込み防止機能付きパワーウインドウスイッチやキーレスエントリなどである。

社会システム事業は、鉄道向けシステム（自動改札機、券売機など）や、道路交通向けシステム（交通管制システムなど）といった社会インフラを支える様々なシステムを提供している事業だ。

健康機器・健康サービス事業では、生体情報センシング技術により、血圧計、体組成計を中心に、歩数計や体温計、電動歯ブラシなど幅広い製品を提供している。

3 オムロンのビジョン

オムロンは10年の長期経営ビジョンをもっており、それを基に3年、3年、4年の中期経営計画として区切って実施していく。今の計画は3回目なので、すでに20年以上長期経営ビジョンをもって経営にあたっている数少ない企業であるといえよう。

そもそもは、創業者立石一真氏が１９６８年に未来予測の研究を開始したＳＩＮＩＣ理論（Seed-innovation to Need-impetus Cyclic Evolution）という科学と技術と社会の間には円環的な関係があり、相互に刺激し合って社会を変貌させるという一種の未来シナリオの考え方がベースになっている。１９７０年に京都で開かれた国際未来学会で発表した。欧米を手本とした

〝成長の終えん〟を予測し、世界で勝負を決意した創業者は、欧米の後追いではない新たな独自の経営の必要性を感じていた。これからは未来を考える未来学（創造学）が必要だと。大阪万博が決定したことにより、未来への関心や希望の高まったことも背景にある。またドラッカー教授に出会い、いままでの発想法や経験から結論を導くことができない時代、未来は現在の延長という思考路線が断絶する時代であると感じた。そして効率や生産性を追い求める工業社会的な価値観から、次第に人間としての生きていく喜びを追求するといった精神的な豊かさを求める価値観が高まる最適化社会、そして自律社会に移行すると考えた。

そもそも人類の歴史を産業構造的な視点から、大きく次のように分けている。まず「原始社会」から始まり、次に「集団社会」へと移行している。その後「農業社会」を経て「工業社会」に至っている。そして２００５年から「最適化社会」が始まり、それから20年かけて「自律社会」へと向かっていく。

「工業社会」はさらに5つの段階に分けている。最初の段階が「手工業社会」次の段階は工場で生産が行われるようになった「工業化社会」、そのあとの「機械化社会」、20世紀に入ると「自動化社会」、そして20世紀末には「情報化社会」が訪れた。

そして、「工業社会」から「最適化社会」に移り変わっていくことによって、生産性や効率の向上だけでなく、「生きる歓び」を求めるようになり「新しい価値観」が生まれてくるという。「農業社会」から「工業社会」に移った14世紀に「人間復興」を唱えたルネッサンス運動が興ったように、「工業社会」から「最適化社会」に移行するときも、第2のルネッサンスが求められている。それは「人間らしい生き方の尊重」をより深めることである。SINIC理論によれば「最適化社会」は人間一人ひとりが自らの生き方を求め、実現していく社会である。立石義雄氏はこれを「ヒューマンルネッサンス」と呼んでいる。

「自律社会」とは、人間一人ひとりが自分に合った仕事や生活を選ぶことができ、それを安定的に続けられる社会のことであり、コミュニティーの存在が大きくなると指摘している。「農業社会」では地域共同体、「工業社会」ではそれが都市に移ってきたコミュニティーが「自律社会」においては、ボランティア社会のように新しいコミュニティーが出現すると指摘している。

第2次産業革命であった機械化社会からコンピュータによるオートメーション化が進む自動化社会、ネットワークによる情報の共有ができる情報化社会、個に合わせた情報と機能の選択による最適化社会、自立した個人が社会からの制約なく自律的に行動しながら連携する自律社会となっていて生産性・効率の追求、生産者の視点、モノ重視から生きがい・働きがい、生活者の視点、そして心を重視する時代へ移行していくとしている。このSINIC理論を用いて、世の中の動きを予測した。それを活用して、オムロンでは1989年から10年の長期経営ビジョンを策定している。

ＳＩＮＩＣ理論を背景に、最初の長期経営ビジョンG'90s（Golden'90s）は１９８９年５月に発表された。「21世紀企業の目指すべき姿」と題し、①健康でおもしろい企業、②ホロニック企業、③マルチローカル企業を標榜した。健康な企業とは既存事業と新規事業、あるいは収益と投資のバランスがとれている企業、おもしろい企業とはバラエティに富んだ人財が創造的かつ挑戦的に仕事を進めていく企業という定義である。ホロニック企業としては分権化された各組織が個々の最適化を前提にしながらグループ全体の整合がとれている企業、マルチローカル企業としては各地域の特性を生かしながら、現地社会に貢献し、地球的視野でグローバルに統合されている企業のことである。

２００１年５月に発表された10年ビジョンはGD2010である。Grand Design For 2010の略で、〝センシング&コントロール〟を核に、グローバル企業として自ら変革を続け、ミッション（使命）を『社会発展への貢献』、経営目標を『企業価値の長期的最大化』と定めた。経営目標としては企業価値の長期的最大化、企業変革ビジョンとして、経営の自律、事業の自律、個人の自律をあげている。そしてアイデンティティビジョンとして企業理念、ＤＮＡ、コアコンピタンス、マネジメントとした。ただ、10年間は不確実な要素があるので、中期展望として２００５年３月期に連結ＲＯＥ10%という数値目標を設定した。目標の達成イメージとして、連結売上高7500億円、税引き前利益800億円以上を想定とした定量的な目標を掲げた。立石義雄社長（当時）は日経金融新聞のインタビューで「株価に示される企業価値は現在価値、将来価値、そしてブランド価値の三要素から成り立つと考えている。ブランド価値を高めるため、今期からGD2010と並行して『パワーブランド戦略』を開始し、企業広告などで新しい試みを展開している。オムロンブランドはFA業界では確立しているが、一般的には健康機器メーカーというイメージにとどまっている。当社の本当の姿を伝えることによってブランド価値を高め、新たな企業価値を創造していきたい」と述べている。

その次の長期経営ビジョンになる2011年7月に発表した「VG2020 Value Generation 2020」は、ビジョンを、感じる、考える、制御する、人と地球の明日のためにとしている。経営目標は質量兼備の地球価値創造企業、ゴールとして売上1兆円以上、営業利益1500億円以上への挑戦、営業利益率15%という定量目標を持つ。基本戦略としては、①基幹事業であるIA事業の最強化、②新興国市場での成長、③最適化新規事業の創出を打ち出している。この長期経営ビジョンでは、収益構造づくりとグローバル市場での成長を図るグローブステージ（2011～2013年）、と地球に対する新たな価値創出を図るアースステージ（2014～2020年）という2つのステージで、事業成長を加速し、グローバルに、多くのお客様へ新たな価値提供を行っていくことを計画している。

①の既存事業の最強化は、基幹事業であるIA事業（工場自動化用制御機器や電子部品事業）に最注力し、成長と高い収益力を確保。「Globe Stage」「Earth Stage」を通じて基幹のIA事業を強化することで、先進国における市場シェアを向上させ、その強みを新興国市場へ拡大するとしている。そして、目標水準としてIA事業の売上高を7000億円（2020年度）としている。

②の新興国市場での成長としては、急速な成長で世界経済を牽引する新興国での事業拡大に注力し、成長を図る。「Globe Stage」では、工場の自動化ニーズが拡大する中国に最注力する。これに加えてインドを含むアジア、南米において、IA事業を中心にヘルスケア事業、車載部品事業の事業強化を図る。「Earth Stage」では、引き続きアジアでの事業拡大を図りながら、他エリアの新興国も加えて更なる成長を図る。その結果として、新興国での売上高について4000億円（2020年度）を目標にしている。

③の最適化新規事業の創出としては、オムロンでは、「従来の効率性や生産性、経済性追求から、地球環境や精神的な豊かさなどの追求に向かう社会」を〝最適化社会〟と定義しており、最適化社会で求められる、安心・安全、健康、環境という新たなソーシャルニーズを捉え、長期的な成長を支える新規事業を創出。「Globe Stage」では、社会ニーズの高まりをみせている環境事業に特化して事業を拡大・強化。「Earth Stage」においては、環境事業を更に成長させ

ると同時に、社会インフラや健康関連など、さまざまな最適化ニーズに対応した新事業にも取り組む。目標水準としては、新規事業売上高を1000億円（2020年度）としている。

また、2011年より、山田義仁氏が社長に就任した。ヘルスケア部門の出身で就任時49歳の若さ、欧米市場開拓で名を上げた辣腕営業マンだった。社長に就任してからの3年間で、生産や販売を強化した新興国の売上が増えた。2014年には2016年度に9000億円を目指す新中期経営計画を発表。設備投資、研究開発投資と共にM&Aによる成長投資を行う。山田社長は日経産業新聞のインタビューで、

「過去にベンチャーの雄と呼ばれたが、2000年代は成長が停滞していた。もう一度成長し、20年度に売上高1兆円超えを確実にしたい。規模だけでなく、持続的発展のため営業利益率も16年度に10%、20年度に15%を目指す」と、エクセレントカンパニーゾーンに到達したいと強調する。エクセレントカンパニーゾーンとは独自に決めた基準で、売上高1兆円、売上高営業利益15%以上の企業を意味する。

4　オムロンの企業理念

オムロンの経営の特徴を一言でいうとしたなら下記の言葉だ。『「企業は社会の公器である」

という企業理念のもので、「安心・安全、健康、環境」といった事業ドメインにおいて「センシング&コントロール技術」を成長エンジンとして「社会が潜在的に抱えるニーズ」をいち早く捉え、「グローバルに、かつフェアな」事業運営を目指す』

また、１９５９年に定められた社憲では、「われわれの働きで　われわれの生活を向上しよりよい社会をつくりましょう」

と定められている。この社憲について、創業者立石一真氏は下記のようにコメントしている。

「われわれは日常に勤労によって、職場を明るくし、会社を無限に発展させる。——職場が明るくなり、会社が発展すれば職場生活は豊かになり、家族も生活の喜びをもたらす。——そうなるとわれわれは立派な社会人として、直接よりよい社会をつくるのに貢献できる

さらにわれわれの会社が、人々の働く場所を提供し、社会のよりよい隣人となり、投資の対象としてよりよい企業になり、仕入れ先のよりよい得意先となり、顧客によい商品を安く提供するーその結果によりよい会社になって、企業の社会的責任を立派に果たす。またわれわれのつくる商品が、その働きそのものによって社会に奉仕することと、われわれの会社の発展によって得た利潤によって、社会に奉仕することによって、間接的によりよい社会をつくることに貢献する。

かくてわれわれは働くものの誇りと感謝の念をもって生活し、この勤労によって得た生活の喜びを不幸な人々にも分かち与えて、ひとりも不幸な人のいない社会をつくりあげてこそ、はじめて本当に幸福で平和な生活を享受する喜びと幸せにひたりうるのである。」

半世紀前に書かれたものであるが、そこには統合思考はすでに組み込まれていて、現在でいえばＣＳＶ（Creating Shared Value：共通価値の創造）に近い考え方である。その結果として、一真氏は３つの成果を下記に上げている。

「われわれの働きで　われわれの生活を向上し　よりよい社会を作りましょう」これは私が昭和34年（１９５９年）にまとめた社憲であるが、この社憲に支えられて実現した物語三つ。

その一。44年（１９６９年）にライオンズ・クラブに頼まれて、徳島大学医学部と共同でサリドマイド児用義手を開発した。相当の研究費を使ってもせいぜい２００人の需要だから採算には合わぬが、エレクトロニクス技術によって感覚のついた義手を完成した。世界で初めてのことで、本場の西独でも賛辞を受けた。これを学齢児につけて動かすさまが、ＮＨＫテレビでドキュメント「手ができた」との題で三度も放映され、感動を呼んだ。私もこれが論文になって医学博士の学位を頂戴した。

その二。昭和46年（１９７１年）９月19日に、橋本登美三郎さん（自民党幹事長＝当時）の紹介で、別府亀川温泉所在の〝太陽の家〟の中村裕理事長と評論家の秋山ちえ子さんが訪ねて来られ、自分のところで国家予算をもとに工場を作るので、そこで太陽の家の職業訓練をすませた重度身障者50人を使って電機工場をやってくれという。もちろん他の３、４社にも頼んだが色よい返事がもらえずにいるとのことだった。私もドル・ショックのあとのことでためらいもあったが、社憲に支えられて快諾、翌年４月８日にオムロン太陽電機として発足した。

太陽の家との合弁で、重度身障者にも株を持たせ、世界にも例のない新機軸を出したのと、中村理事長の〝気の毒な人として特別扱いしない〟との徹底したスパルタ教育がものをいって、モラル抜群、創業第１年にして黒字という誇り高き操業を続けている。

その三。36年（１９６１年）、西医学健康法とオートメーション技術が身についたころ、ふと生体の健康管理と病気の診断治療のプロセスを、オートメーション理論でまとめられるはずだとのアイデアが浮かんだ。いうなれば「第三の医学」の探求で、一企業の仕事としては大それたことであるが、それを健康工学と称し、10年後の健康産業への展開をメドに研究を進めた。～略」

（日本経済新聞　私の履歴書復刻版　立石一真氏より）

オムロンでは、企業価値は経済的価値と社会的価値の掛け算だと捉えていて、経済的価値は効率性、経済性、売上、利益であり自信につながる。社会的価値は倫理、道徳、正義であり誇りにつながる。そして企業価値は夢につながると捉えている。そしてソーシャルニーズの創造にこだわっている。

5　コーポレートガバナンス

このような、企業理念をベースに、コーポレートガバナンスの取り組みとしては、1999年に執行役員制度を導入して取締役を7名にするとともに、1999年から2003年にかけてアドバイザリーボードが設置された。狙いとしては外部のそれぞれの専門分野からグローバルな視点で多様なアドバイスを受け、開かれたグループ運営を目指すものである。メンバー数は5～6名で年2回の定例会議であった。討議された内容は、将来の経済動向からとるべきグループスタンス、将来の事業ドメイン、コアコンピタンス、経営の品質向上に向けての施策、方向性である。このような経験を踏まえ2001年より1名、2003年から2名の社外取締役による体制を導入している。また、取締役会のもとに諮問委員会を設置した。人事諮問委員会、報酬諮問委員会、社長指名諮問委員会、コーポレートガバナンス委員会などである。

特に2006年に設置された社長指名委員会については、究極のガバナンスは次の社長指名であると考えたからだ。次期社長指名のプロセスを明確化するための委員会であり、社外取締役を委員長とする社外取締役2名、取締役2名の4名によって構成される。ここで複数の社長候補者に対して意見をもらい、その質問を受けて、取締役会は決議する仕組みになっている。この背景として、オムロンはもともとファミリー企業であったため、そのファミリーからの影響を少なくし、ガバナンスを高めるためにこのような透明性の高い制度を設けた。現在の山田義仁社長もこのプロセスを経て社長に就任している。そもそも、立石義雄氏は、会長に就くときに立石家以外の人間である作田久男氏を社長兼CEOに指名したことについて、「創業家のもつ求心力も無視できないのではないか、という意見を耳にしました。たしかに、創業家は暗黙のうちに、その企業の精神や哲学を体現しているのかもしれません。しかし、私は、やはり求心力は創業家に持たせるのではなく企業理念や企業哲学に持たせるべきだと考えました。その企業の存在理由や使命というものに賛同して、経営陣も社員も働くということが、これからの企業のあるべき姿ではないでしょうか。～」と述べている。このような経営者の発想のもと、ガバナンスの体制が強化されてきた経緯がある。

人事諮問委員会は1996年に経営人事諮問委員会として発足、2001年に社外取締役が委員長に就任。取締役、執行役員の選考基準の策定、候補者の選定、現職の評価を答申する。

報酬諮問委員会は２００３年から設置、取締役、執行役員の報酬体系の策定、評価基準の設定や現執行役員の評価を答申する。２００８年に発足したコーポレートガバナンス委員会は経営の公正性、透明性を高めるための施策について議論する。

6　まとめ

オムロンでは、創業者立石一真氏の考えた社憲、その企業風土を基礎にして、ＳＩＮＩＣ理論をベースに未来予測をたてた。そして、その未来予測をベースに10年の長期経営ビジョンを作成、それを3年、3年、4年の中期経営計画に反映させて、長期の視点で経営を行ってきた。10年の長期ビジョンを2回実行して、現在3回目にあたる。1回目は創業者から次世代へ、2回目は創業家から創業家以外へのバトンタッチという経営者の交代の時代と重なり、発展してきた。カリスマ創業者からのバトンタッチ、そして次の世代へのバトンタッチが上手くいったと考えられる。そして、社憲にあるように、社会性を大切にした社風を、企業文化として定着させてきた。社憲を名刺に刷り込むなど、社員への意識定着に努力してきて、いい企業文化を形成してきた。

立石義雄氏が社長を退いてから、作田久男氏、山田義仁氏と、創業家以外からの社長が就くことになった。これによって、さらにその社憲、社風、企業文化を大切にし、かつ社長指名委員会設置などコーポレートガバナンスを強化することによって、企業のサスティナブルな側面を向上させ、企業価値向上に努力している。

■参考文献

安藤聡（執行役員経営ＩＲ室長）インタビュー　２０１４・５

立石義雄（２００５）『未来から選ばれる企業』ＰＨＰ研究所

日経金融新聞２００１・７・19

日経産業新聞２０１４・６・12

日本経済新聞電子版２０１４・６・30

日経Ｂｉｚアカデミー　私の履歴書復刻版　立石一真

オムロンホームページ　http://www.omron.co.jp　２０１４・８・１アクセス

■第8章

イオングループ

ビジョンが生んだメガ・リテーラー

1　イオンの歴史

2012年2月期決算で、営業収益（売上高に相当）が5兆2233億円に達し、国内最大の小売業グループとなったイオン株式会社。その前身である総合スーパー（GMS）のジャスコは、1969年2月にフタギ株式会社（兵庫県姫路市）、株式会社岡田屋（三重県四日市市）、株式会社シロ（大阪府吹田市）の3社の共同出資により、仕入れ会社（本部機構）として設立された。ジャスコという名称は、社員からの応募をもとに決められた「Japan United Stores Company」の略称である。

3社はいずれも、当時の日本の小売業における最先端の経営手法であったチェーンストア経営を展開していた。売上高ではフタギが最も大きく、また二木一一社長が3社のトップのなかで最年長（58歳）だったため初代の会長に就任し、次に年長（42歳）であった岡田屋の岡田卓也氏が社長となった。また、本社は3社の展開地域の中間にあたるとして大阪市福島区にあったシロ野田店の5階に設けられた。名実ともに、3社が共同で設立した新しい小売企業の誕生であったといえるだろう。

もっとも一般には、イオンやジャスコは岡田屋が前身であるとの理解が広く受け入れられている。実際に組織としては、本部機構設立の翌年である１９７０年３月に、岡田屋がフタギ株式会社、株式会社オカダヤチェーン、株式会社カワムラ、ジャスコ株式会社を合併（資本金６億８８４４万円）し、翌月に株式会社ジャスコへと商号変更している[1]。その際に代表取締役社長に就任した岡田卓也氏が、その後２０００年まで社長、会長を歴任し、同社を日本を代表する小売企業へと育てるうえで中心的役割を果たした。また、１９９７年に代表取締役社長に就任し、現在もイオングループを率いるのが卓也氏の長男・岡田元也氏であり、ジャスコの創業からほぼ半世紀、経営トップを務めているのは岡田家の2代ということになる[2]。

ただし、卓也氏も元也氏も、ジャスコやイオンが岡田家の家業であるという考え方については強く否定している。１９９７年の社長就任直後に行われたインタビューにおいて、岡田元也氏は以下のように発言している。

■注

1　１９６９年4月にシロの井上次郎氏（当時、ジャスコ副社長）が急逝したため、この段階（第一次合併）ではシロは加わらず、１９７０年4月に商号を京阪ジャスコに変更後、１９７２年8月にやまてや、やまてや産業と共に第二次合併に加わった。

2　なお、岡田卓也氏が代表取締役会長となった１９８４年からは、代表取締役社長に二木英徳氏（フタギ創業者である二木一一氏の長男）が就任している。その後、１９９６年からはメインバンクである第一勧業銀行出身の田中賢二氏が代表取締役社長に就任したが、翌年の株主総会終了後に、第一勧銀専務時代の商法違反容疑で逮捕されるアクシデントがあり、１９９７年6月から専務取締役だった岡田元也氏が急きょ代表取締役社長に選任された。

岡田会長は、かつて小売業が前近代的な産業として、一段低く見られていた時代を経験しています。だから、（ジャスコを）家業から企業へ脱皮させる、ということには非常にこだわっています。そういう意味では、私自身は、（ジャスコの）矛盾の象徴のような存在といえます。この問題には、自分の代で世襲をやめることで決着をつけるつもりです。今後、岡田家からジャスコの経営者を出すことはありません。

（中略）

家業から企業へ脱皮し、さらに世界企業を目指す、という思いは会長も私も同じです。

（『週刊東洋経済』1997年8月23日号、74-77頁）

2000年5月にジャスコ名誉会長相談役となった岡田卓也氏も、その翌年に連載された雑誌記事のなかで以下のように述べている。

苦労して事業を大きく育てた創業者なら、自分の子供に跡を継がせたいと思うのが人情でしょう。しかし、企業の規模が大きくなればなるほど、社会的責任も大きくなります。もし社長の重責に耐えられない者に跡を継がせたら、社内外に多大な迷惑をかけてしまいます。

（中略）

現社長は、「自分の子供には絶対に跡を継がせないし、そもそもジャスコに入社させない」

と明言しています。もはや、岡田家が後継問題にかかわる時代ではないとの認識なのでしょう。

（『日経ベンチャー』2001年9月号、98-100頁）

後述するように、岡田家には商家としての家訓があることが広く知られている。本章では、いわば究極の長期経営ビジョンともいえるこの岡田家家訓と、企業としてのイオングループの長期経営ビジョンとは区別して議論したい（もっとも、前者は後者に大いに影響を与えているように思われる）。

歴史という点でも、合併3社のうちで最も古い創業（1758年）であるのが岡田屋であり、2008年には「イオン創業250年」として各種イベントや記念パーティーも行われている。岡田屋創業から現在に至るまでの主な歴史を、図表8-1にまとめた。

2　イオンの企業概要

イオングループは、2008年8月に純粋持株会社となったイオン株式会社を中心に、その戦略立案・監督のもとGMS事業やSM（スーパーマーケット）事業など11の事業セグメントで、数多くの関連企業が経営を行う巨大小売グループである。2014年2月期決算における

図表8-1　イオングループの沿革

758年	岡田惣左衛門が三重県四日市市で太物・小間物商の岡田屋を創業（屋号は篠原屋）。
26年9月	株式会社組織に変更、衣料品販売を目的とした岡田屋呉服店を資本金25万円で設立。
37年11月	二木一一が兵庫県姫路市でワイシャツ・ネクタイ中心のフタギ洋品店を創業。
55年8月	井上次郎が大阪府豊中市で服地小売業などを行う飯田（1963年、シロに商業変更）を設立。
59年11月	株式会社岡田屋（資本金1500万円）に商号変更。
	百貨店法による営業許可を受けた四日市市の駅前オカダヤが増築し営業開始。
69年2月	岡田屋・フタギ・シロの3社共同出資で本部機構・ジャスコ株式会社を設立。
3月	ジャスコと三菱商事の共同出資でディベロッパーの株式会社ダイヤモンドシティ設立。
70年3月	岡田屋がフタギ株式会社、株式会社オカダヤチェーン、株式会社カワムラ、ジャスコ株式会社を合併し、本店を大阪市に移転（資本金6億8844万円）。翌月に株式会社ジャスコに商号変更し、岡田卓也氏が代表取締役社長に就任。（第一次合併）
6月	ダイヤモンドシティ開発1号店となる東住吉SCがオープン。
72年3月	日本で初めて、核店舗を2つ持つSC（ジャスコと近鉄百貨店）である奈良ファミリーをオープン。
8月	やまてや、やまてや産業、京阪ジャスコを合併。（第二次合併）
73年1月	東京事務所を東京都千代田区に開設。
2月	三和商事、福岡大丸、かくだい食品、かくだい商事、マルイチ、新庄マルイチと合併。（第三次合併）
74年9月	東京・大阪・名古屋の各証券取引所市場第2部に株式上場。
77年9月	全国初の地元専門店主導型SC「サンロード青森」への核テナントとして青森店がオープン。
79年1月	「ジャスコ第2期ビジョン」発表、「ジャスコ連邦制経営」と「ジャスコ憲章」が示される。
80年7月	ミニストップ1号店が横浜市大倉山にオープン。
81年11月	米国大手スーパーマーケットSafeway社と業務提携。
82年8月	靴専門店チェーンのマイランドシューズ設立。
83年6月	本店を大阪市福島区から東京都千代田区へ移転。
84年5月	株主総会後の取締役会で新体制が発足し、岡田卓也氏が代表取締役会長に就任。
85年6月	マレーシアに海外1号店となるジャヤ・ジャスコストアーズのダヤブミ店がオープン。
12月	タイ1号店のサイアムジャスコのラチャダピセ店がオープン。
	ジャスコストアーズ香港設立。
86年2月	英国の婦人服専門店チェーンであるローラアシュレイ社との合弁会社・ローラアシュレイジャパンを設立。
87年10月	21世紀ビジョン・プロジェクトチームが発足。
88年6月	米国の婦人服専門店チェーンであるタルボット社を子会社を通じて買収。
89年9月	「グループビジョン発表会」開催。
	グループ名称を「ジャスコグループ」から「イオングループ」に変更。
	ディベロッパー事業のジャスコ興産を大幅増資。
90年6月	ボディショップを国内展開する株式会社イオンフォレスト設立。
91年1月	環境保全活動を推進する財団法人イオングループ環境財団（現・イオン環境財団）を設立。
9月	ケーヨーと業務・資本提携。
92年6月	大和ハウス工業と共同出資でロック開発株式会社を設立。
9月	中国メガマートを設立。
93年2月	有機栽培などの農作物の自社ブランド「グリーンアイ」を展開開始。
94年4月	メガマート1号店となる一宮店（岡山市）がオープン。
5月	幕張（千葉県美浜区）の新社屋「イオンタワー」が竣工。
9月	価格訴求型の新統一ブランド「トップバリュー」を発売。
10月	マックスバリュー1号店となる江刺店（北海道江刺市）がオープン。
95年1月	ツルハと業務・資本提携。
	米国のスポーツ量販店ザ・スポーツオーソリティ社と提携。
3月	グループ初のパワーセンター「パワーシティ四日市」がオープン。
12月	広東ジャスコチームストアーズを設立。
96年1月	GMS9店舗で初の元旦営業。
3月	青島東泰ジャスコを設立。
6月	臨時取締役会にて岡田元也氏が代表取締役に就任することを決定。
7月	中国1号店となる、広東省初のGMS店舗、広東ジャスコ天河城店がオープン。

1997年10月	イオン秋田SC内に中三百貨店がオープンし、2核1モールのリージョナルSCが誕生。
	会社更生手続き開始申し立て中のヤオハンジャパンへの協力開始。
11月	小牧店を皮切りにニューGMSの展開開始。
1998年7月	ペットシティ（現・イオンペット）を設立。
1999年4月	シネマコンプレックスのイオンシネマズを設立。
8月	子会社の信州ジャスコと扇屋ジャスコ（千葉市）をジャスコに吸収合併。
2000年2月	札幌フードセンターと北海道ジャスコが合併。北陸ジャスコをジャスコに吸収合併。
4月	ハックキミサワと業務・資本提携。
2001年1月	「イオングループ調剤・ドラッグ連合（仮称）」のグループ名称を「イオン・ウエルシア・ストアーズ」に決定。
5月	本店を東京都千代田区から千葉市美浜区に移転。
8月	イオン株式会社に社名変更し、グループ名称をイオンとする。
	「グローバル10」構想を発表。
11月	マイカルの支援表明。
2002年3月	ヤオハンが更生手続きを終結し、社名をマックスバリュ東海に変更。
2003年5月	イオンが委員会等設置会社へ移行。
6月	カスミと業務・資本提携。
7月	台湾1号店となる、ジャスコ新竹店がオープン。
11月	再建支援中だった更生会社・株式会社マイカルと株式会社マイカル九州を子会社に。
	ポスフール（現・イオン北海道）と業務・資本提携。
2004年4月	いなげやと業務提携。
2005年3月	カルフール・ジャパンの国内経営権を取得し、社名をイオンマルシェに変更。
12月	ツルヤ靴店と業務・資本提携。
2006年3月	オリジン東秀を子会社化。
5月	ダイヤモンドシティを子会社化。
9月	東北地方でホームセンターを展開するサンデーとホームセンタージョイが業務・資本提携に合意。
2007年3月	丸紅・ダイエーと資本・業務提携。
	マルエツの株式20%の譲渡を受ける。
4月	電子マネー「WAON」の利用開始。
5月	グループ共通機能を分社化（イオントップバリュ、イオン商品調達、イオングローバルSCM）。
10月	イオン銀行が銀行業の営業免許を取得。
12月	食品スーパー・光洋を子会社化。
2008年5月	ドラッグストアチェーンを運営する「CFSコーポレーション」と資本・業務提携。
8月	イオン株式会社が、全ての事業をイオンリテール株式会社に承継する会社分割を行い純粋持ち株会社に移行
10月	日本最大（店舗面積約22万㎡）のSC、イオンレイクタウン（埼玉県越谷市）がオープン。
11月	中国・北京での1号店となる、イオン北京国際商城SCがオープン。
2009年2月	ツルヤ靴店を子会社化。
2010年4月	米国タルボット社の全株式を売却。
5月	CFSコーポレーションを子会社化。
2011年3月	中国本社・アセアン本社の設立。
	イオンリテール株式会社と株式会社マイカルが、イオンリテールを存続会社として吸収合併。
9月	都市型小型スーパーマーケット「まいばすけっと」を設立。
11月	マルナカ・山陽マルナカを子会社化。
2012年3月	イオンベトナム事業開始
9月	自転車専門店「イオンバイク」新会社設立。
11月	都市型小型店舗「つるかめ」を展開していたテスコジャパン株式会社の株式取得。
2013年3月	食品スーパー・ピーコックストアを完全子会社化。
8月	ダイエーを子会社化。

出所：岡田（2013）、178-228頁に掲載の「岡田卓也とイオンの歩み」、イオン株式会社の各期の『有価証券報告書』に掲載されている「沿革」、および『ジャスコ三十年史』に掲載されている「年表」をもとに筆者作成。

事業セグメントと関連会社

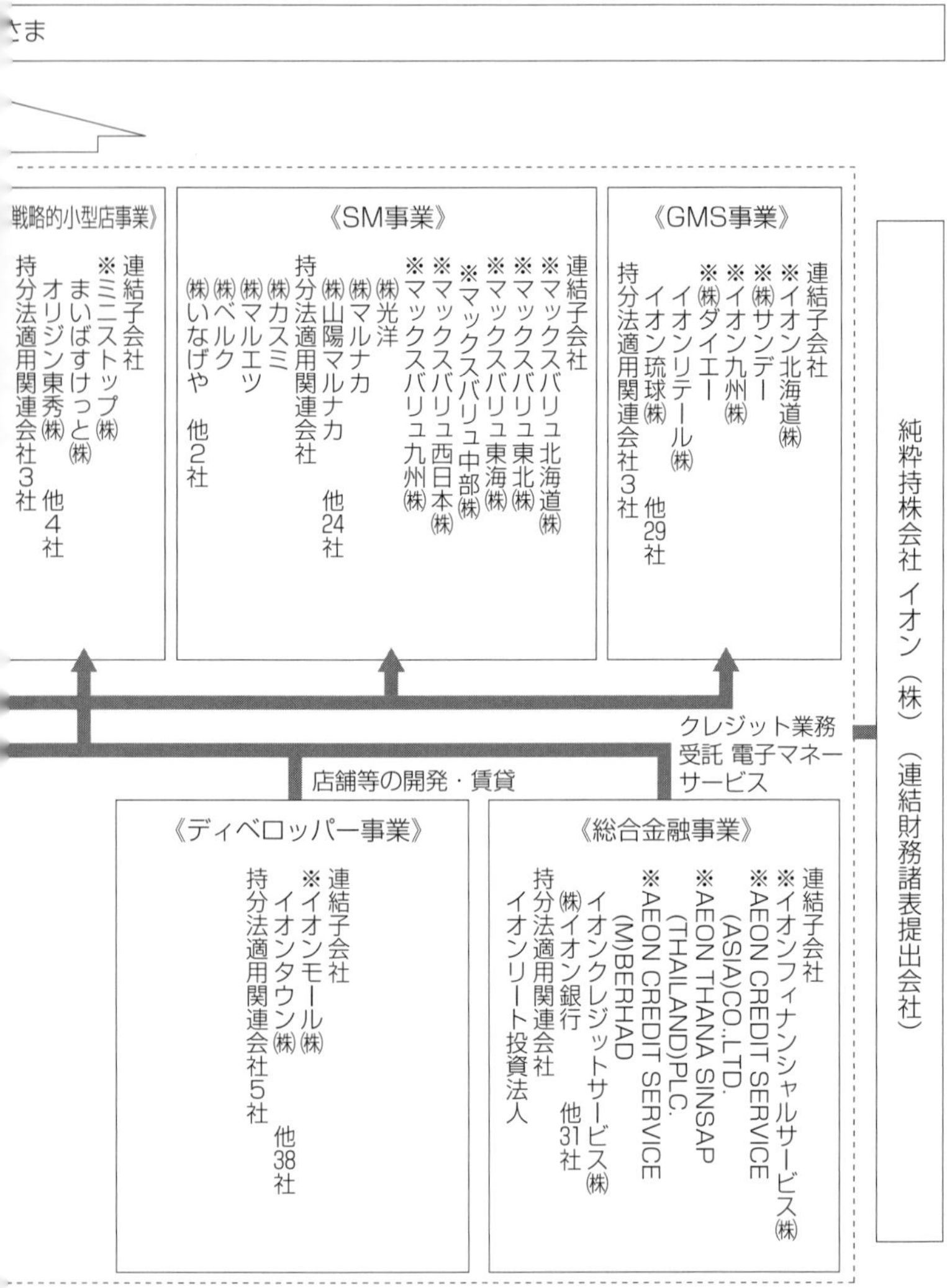

図表8-2　イオングループの

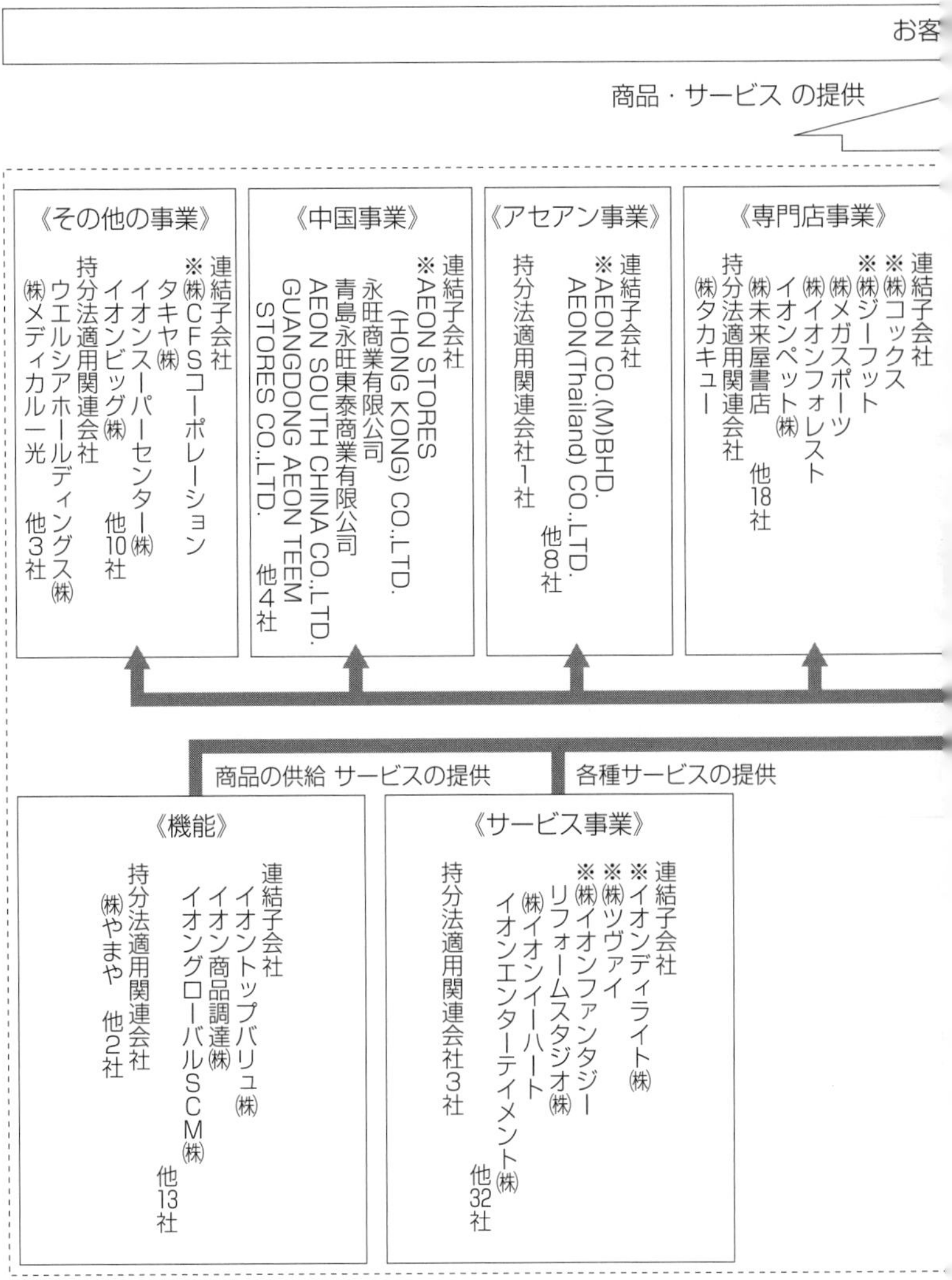

出所：イオン株式会社『有価証券報告書（第89期）』7頁。

営業収益（連結）は6兆3951億円、経常利益（連結）は1769億円となっている。グループ企業数は連結子会社が263社、持分法適用関連会社が31社に及ぶ。

イオンが純粋持株会社制に移行したことについて、小売業界に詳しい鈴木孝之氏は当時、そのねらいとして考えられる点を以下のように示していた（販売革新編集部編（2009）40-44頁）。

①　多角化、多様化したグループ事業会社の統治形態の整理
②　グループ事業会社の収益改善（収益性の実態が不明確な親会社の収益性改善、個別企業の収益性の明確化）
③　業界の統合・再編への積極的な対応（積極的にM&Aに動くための体制整備）
④　複合化、総合化
⑤　21世紀戦略（新たな成長戦略の構築と体制整備）
⑥　所有と経営の分離（属人性の強い重要な経営の意思決定から、機関としてのグループ戦略の構築へ）

先に示した沿革（図表8-1）を見てもわかるように、イオンはその発足時から、数多くの企業との合併や資本提携を繰り返すことで、グループの規模を拡大してきた。右記の①②は、まさにそうした点に関連している。そして、③④⑤はそうした取り組みを今後も進めてグループのさらなる発展のための体制を整えることを意味する。

とりわけ、このねらいは創業以来の事業であるGMSの改革に向けられていたといえるだろう。岡田元也氏の社長就任後、2000年代前半のイオンは毎年度に最高益を生みだし、各種メディアで「流通業界の勝ち組」などと表現される一方で、GMS部門の営業利益や既存店売上の不振について指摘され続けており、元也氏自身もGMS改革の必要性についてたびたび言及していた。2008年の純粋持株会社への移行では、それまでイオン本体で抱えていた小売事業を子会社のイオンリテール株式会社に移管させ、GMS事業の最高経営責任者として就任した豊島正明氏が最高財務責任者（CFO）を兼任する体制となった。元也氏は、中期経営計画の発表記者会見で次のように述べている。

――GMSをつぶして売却するのか、（食品スーパーの）マックスバリュにまかせるのか、GMSを別の形にするのか。豊島に全責任を持たせてやっていく。

（『日経流通新聞』2008年4月9日号、5面）

イオンリテール社長に就任した村井正平氏も、純粋持株会社への移行後のGMSについて以下のように述べている。

――持ち株会社は事業はせず、どこに投資するかを決める。ジャスコにもっと投資をしたいと

―思ってもらわないといけない。

（『日経流通新聞』2008年4月9日、5面）

これらの発言にも表れているように、先述の鈴木氏が指摘した⑥の「所有と経営の分離」も、この体制に移行することの大きなねらいである。前節で触れたような、イオンが岡田家の家業ではなく企業として経営されていることを、トップの考えというだけでなく、組織面でもはっきりさせた体制だといえる[3]。

3 岡田家の2つの家訓

とはいえ、企業としてのジャスコ、イオンの成長を振り返るとき、商家である岡田家の影響、とりわけ広く知られている岡田家の2つの家訓の存在は無視できない。イオンの長期経営ビジョンについて議論するにあたり、まず「大黒柱に車をつけよ」と「上げに儲けるな 下げに儲けよ」という、2つの家訓を紹介したい。

岡田卓也氏は、2004年3月に『日本経済新聞』で連載された「私の履歴書」をまとめた書籍の冒頭で、以下のように記している。

二十世紀の経営者である私は、どんな時代にあっても変えてはならないイオンの経営理念である「お客様を原点に、平和を追求し、人間を尊重し、地域社会に貢献し、革新を続ける企業集団」と、オカダヤの家訓である「大黒柱に車をつけよ」「上げに儲けるな 下げに儲けよ」をＤＮＡとして、若い人に引き継いでいってほしいと思うとともに、私どもの理念は、こういう時代だからこそ、多くの人々に改めて受け入れていただけるものと信じている。

（岡田（２０１３）８頁）

この２つの家訓は、卓也氏の祖父である５代目岡田惣右衛門氏が残したものとされる。現在の三重県四日市市内で、惣右衛門氏は創業以来ずっと行商を営んでいた。そこから店売りへと事業を変えていくなかで、幾度か立地を顧客の多い場所へと移転させ、岡田屋を大きく成長させたという。そして、第２次世界大戦後に復員した岡田卓也氏自身も、焼け跡からの店の再建に取り組むなかで、新しい駅や道路の設置にともなって繁華街の場所が移っていくことをとらえて、周囲の反対を押し切り、何度も店を移転させ、売上の拡大につなげたという。ジャスコの発足後も、モータリゼーションの進展を見越して他社よりもかなり早い段階から郊外型店舗

■注

3　コーポレート・ガバナンスという点では、すでにイオンは２００３年５月に委員会等設置会社へ移行し、外部取締役の招聘などを行っていた。

の展開に取り組んだ。その背景にも、この家訓の存在があるという。

「タヌキやキツネの出るところに店をつくれ」。1980年頃から、私は盛んにこう言ってきました。

（『日経ベンチャー』2001年7月号、82-86頁）

「大黒柱に車をつけよ」という家訓は、直接的には、店の立地を機動的に移転させることの大事さを述べたものであるが、ここからさらに2つの重要な教えが得られるという。第1は、「立地のみならず、あらゆる面で革新し続けなければいけない」ということであり、岡田卓也氏がジャスコで取り組んだ、3社合併によるジャスコ誕生とその後の多くの企業との合併、運営するショッピングセンター（SC）の魅力を高めるために有名ブランドを抱える外資系企業と積極的に提携したこと、大手小売グループに成長したジャスコからイオンにグループ名称を変えた1989年の改革（後述）などがその例として挙げられる。

第2に、撤退することの重要性もこの家訓が意味するところだという。経営者の思い入れや地域とのしがらみは、不採算店の閉店を躊躇させる。だが、顧客のニーズに合わなくなったのであれば、企業も変わらなければならない。これが「大黒柱に車をつけよ」の教えるところである。

私は、この家訓に従って店舗のスクラップ・アンド・ビルドを推進した。ジャスコの社長在任中の十四年間に百八十店を閉め、ほぼ同数を規模を大きくして開店させた。

（中略）

店舗をスクラップすると、あらぬ風説を耳にするようになった。「店を閉めるとは経営が思わしくないに違いない」。私は反論した。「アメリカの小売業のアニュアルレポート（年次営業報告書）には、一年間で何店閉店したかが、新規出店したよりも先に書いてある。閉店は重要な戦略である。

（中略）

家訓は引くことの大切さも教えてくれる。それが結果として企業を変革させる力となる。事業や業態をいくつもやめ、代わりの事業・業態の開発を積極化している。変化に対応する企業姿勢が家訓から生まれた。

（岡田（2013）43頁）

もうひとつの家訓である「上げに儲けるな 下げに儲けよ」は、「景気やモノの値段が上昇局面にある時に儲けようとするのではなく、下降局面の時に儲けてこそ、真の商人であるという教え」である。顧客よりも先に相場を知ることができる小売業者が、商品が値下がりするとわかったときに、わざと価格を据え置いたり、値上がりを待って売り惜しみをしたりすることは商人道に反するのであり、そういう局面でこそ、安い商品を手当てして顧客に提供し喜んでもらうべきである。これが、「上げに儲けるな 下げに儲けよ」の意味である。バブル経済の頃に、本業である小売業とは別の不動産業などに手を出して、バブル崩壊後に評価損や不良債権の問題で苦しむ、というような問題をイオンが抱えなかったのも、この教訓があったからだという。

岡田卓也氏だけでなく、この2つの家訓に対して、現在の経営トップである岡田元也氏も折にふれて言及している。たとえば、連結経常利益で過去最高の決算を発表した2001年には、10年後に世界の10大小売企業入りをめざすという「グローバル10」構想（後述）を示した後に、元也氏は以下のように述べている。

岡田屋、フタギ、シロが合併してジャスコになった後も本社を東京に移すなど全国チェーンの体制をつくってきました。確かに今は（本社部門の一部を海外に移すなど）大黒柱に翼をつけるぐらいの気構えが必要でしょうね。（『日本経済新聞』2001年6月4日、3面）

2006年のインタビューでは、1990年代からの「失われた10年」の間も成長を続けたイオンについて質問され、元也氏は以下のように答えている。

われわれがほかのGMSとの差を詰め、その後差を広げ、明らかにポジショニングが変

わったのは、このデフレへの対応が早かったことです。家訓的にも岡田家では、「下げに儲けよ」というのがありますが、まさにデフレの中でスムーズに動けた。こんなデフレはめったにないが、そこに歴史的なタイミングが合ったというのはあると思います。

（『週刊東洋経済』２００６年12月16日号、30-53頁）

とはいえ、実際のイオンの公式的な文書や、経営陣による公式の会見の場などで、これら2つの家訓がそのまま持ち出されてくることは見受けられない。したがって、岡田家の家訓を、企業としてのイオンのビジョンそのものと捉えることは適切でないように思われる。次節以下では、ジャスコの創業からこれまでに、５回にわたって発表されてきた同社の長期経営ビジョンを振り返りながら、これらの2つの家訓の教えがどのようにして具体的な企業活動へと結びつけられてきたかを確認していく。

4　ジャスコ設立時の基本方針と社是

１９６９年2月21日に、フタギ・岡田屋・シロのチェーンストア３社の共同出資により、本部機構・ジャスコ株式会社が設立された。前節で触れたように、岡田卓也氏にとっては創業以来の「岡田屋」というのれんを捨てて合併による新会社へと移行すること自体が、まさに大黒柱を移動させる意思決定であった[4]。

岡田卓也氏が合併という方法を決断したきっかけは、三重県から東京や大阪方面に店舗を増やし始めた1960年前後にあったようだ。彼は、1961年に長期経営計画委員会を社内に発足させ、当時まだ売上高30億円程度だった同社を「10年後には売上高1000億円、本社は東京」にするという高い目標のビジョンを社員に示した。そして、その具体的な方法としてイメージしていたのが、それに先立つ1959年6月に雑誌『商業界』が主催するアメリカ小売業視察セミナーに参加し、現地で目の当たりにした食品スーパーマーケットやチェーンストアの姿だった。「岡田屋もチェーンストアをめざそう。チェーン展開をすれば小売業も大規模産業になることができる」と心中深く期した卓也氏は、規模拡大にともなう人材や資金の不足を打開するためには合併しか方法がないと考え、各地で行われていた小売業界の勉強会などでその同志を募って回った。

そうして設立が目ざされたジャスコでは、合併3社の融合のためにさまざまな準備作業が行われた。そのひとつが、1968年9月に準備委員会が定めた「新会社の基本方針8ヵ条」である。その内容は、ビジョン倒れに終わらないよう、以下のような具体的な内容で裏付けされていた。

① ナショナルチェーンへの展開：昭和45年度売上規模は、現企業のみで1000億円とし、商勢圏は東海、山陽道メガロポリスを重点とする。
② 提携合併によるチームづくり：流通革新に対処し、同志企業と提携合併をはかり、親密なチームづくりを行い、共存共栄の実を上げる。
③ 本部機能の充実：ダイナミックな本部機構を確立し、簡明かつ強力なマネジメント、統制あるチェーンオペレーション、マスマーチャンダイジングを発揮する。この本部組織はわれわれチームの核とする。
④ 地域社会への奉仕：商勢圏内に急速に大型店舗を建設し、よい商品をお安く消費者に販売し、商業を通じて地域社会への奉仕に徹する。
⑤ 取引先との公正確保：大量販売を実現するため商品取引先との関係は、公正をモットーとし、正しい契約条項に基づき相互信頼を高める。
⑥ 合理化とコストの引き下げ：新しい流通システムにのっとり企業の合理化、コストの引き下げを実行し、近代的小売インダストリーに成長する。

■注

4　実際に岡田屋の名前が無くなるのは、翌年3月に岡田屋が存続会社となって行われた「第一次合併」の際に株式会社ジャスコへと商号変更したタイミングである。

⑦　企業の公共化：合併後、株式を公開する。私的経営から脱皮し、われわれの企業は模範的な財務内容を有する先導企業に発展する。

⑧　豊かな生活を全従業員に：全従業員に高水準の給与、良好な労働条件、快適な厚生設備を保証し、労使一体となって近代企業へ成長させる。

（『ジャスコ三十年史』103-104頁）

ジャスコ発足後の10年間は、まさにこの方針の実現をめざす歩みとなる。3次にわたる企業合併に加え、地方スーパーとの提携、ジャスコ設立の翌月に三菱商事と共同出資で設立した株式会社ダイヤモンドシティによる各地の大型ＳＣのオープン、ミートセンターや流通センターの設立による流通合理化への取り組みなどが行われ、1973年1月には東京事務所を開設、1974年9月には東京・大阪・名古屋の各証券取引所市場第2部に株式上場を果たした。

なお、ジャスコ設立時には、「商業を通じて地域社会に奉仕しよう」という社是も定められていた。もともとの3社の社是が、これとほぼ同じ内容であったため、すんなりと決まったという。あわせて、企業姿勢を明確に示した「ジャスコの信条」と「ジャスコの誓い」も発表され、後者は年度政策発表会、合同朝礼、店舗の開店などで唱和された。

◇ジャスコの信条

①ジャスコは商業の理想像を求めて価値ある商品とサービスを提供する。
②ジャスコは常に生活文化に貢献する先駆的役割を果たすため絶えず研鑽し前進を続ける。
③ジャスコは愛と真実に徹し社会の幸福のために精進し奉仕する。
④ジャスコは信頼し支持して頂く総ての人々に深い感謝の念を捧げる。
⑤ジャスコは社会生活に密着した立派な職場であることを確認する。

◇ジャスコの誓い

①常に感謝し、愛情を忘れず限りなく前進を続けよう。
②常に相手方の立場を考え自分と等しく尊重しよう。
③常に研究し、良いと決まったら勇敢に実践しよう。
④常に奢らず、たかぶらず自分の仕事に誇りを持とう。
⑤常に言葉と行動を慎み結果については厳然たる責任をとろう。

（岡田（２０１３）75-76頁、『ジャスコ三十年史』105-106頁）

5　大店法強化と「ジャスコ第2期ビジョン」

ジャスコの誕生から10年目となる1979年。1月に開催された政策発表会において「ジャスコ第2期ビジョン」が明らかにされた。そのキーワードは「連邦制経営の完成」であり、その理念を明らかにし、共有化をはかるために「ジャスコの憲章」も制定された。

過去10年で多くの合併を繰り返し、企業規模も展開地域も大きく拡大していたジャスコだが、ライバルの大手チェーンストアの多くが集権化を進めていたのに対して、各地域のローカル企業の集合体であるジャスコは、分権化と自主性を尊重する体制をとるようになっていた。その骨格を定めたのがこのビジョンだった。

全部で7項目からなる「第2期ビジョン」の発表内容のうち、「①連邦制を構成するもの」では「ジャスコの連邦制経営は、成長責任と利益責任をもった事業会社群（地域事業部、地域法人、専門事業部、関連企業を総称）と、シンクタンク的存在であるジャスコ本社からなる。」と記されている。事業会社群のそれぞれの組織が自主と責任をもって独立性の強い経営を行いつつ、地域の枠を超えて連邦制を形成することで規模のメリットも追求する、というのがそのねらいである。

そして、そのジャスコ連邦経営の理念を明らかにし、連邦の各経営者の初志貫徹と連帯強化をはかって、ジャスコの繁栄と永続を確実・強固にすることを目的にした「ジャスコの憲章」が以下のように制定された。

《ジャスコの憲章》

われわれは、地域の人々の生活文化の向上と発展に貢献することを基本理念とし、この目的と使命に共鳴する同志朋友の参画と結集をもって、連邦制経営によるジャスコを形成し、誠実と親和を尊び、友愛と情熱に燃えて、商業の理想像を追求し、地域の期待と信頼に応え、ジャスコの永続と繁栄に献身する。

一　ジャスコは、信義と団結を尊重する
一　ジャスコは、自主と責任を尊重する
一　ジャスコは、交流と互助を尊重する
一　ジャスコは、集中と分権を尊重する
一　ジャスコは、創造と革新を尊重する

（『ジャスコ三十年史』331頁）

なお、この「第2期」ということに関しては、発表されたビジョンの文章中に「第2期10年…」という表現が登場しており、創業から10年目に、その次の10年を長期展望するという意味が込められていたと考えられる。

第2期ビジョンが発表された１９７９年の5月には、大規模小売店舗法の改正が行われ500㎡を超える店舗が一律に出店規制されることとなったが、ジャスコでは連邦制経営の理念を体現するように、地元主導型店舗の開発や地域ジャスコによる店舗開発を進めて、5年間での新規出店が74店舗にも及んだ。

しかし、大店法強化による出店規制は継続するという認識のもと、3年後には店舗開発の方針転換が打ち出された。１９８２年の政策発表会の場において、新業種・新業態の開発に重点を置き、今後10年間でグループの事業構造を抜本的に転換することをめざした「中長期ビジョン」が発表された。新業種・業態開発については、第2期ビジョンでも示されていたが、この中長期ビジョンではさらに踏み込んで、「多角化・国際化による新しい物販やサービスの業種業態が50％を占めるよう事業構造の転換を進める」とより具体的な目標が示された。

これにもとづき、多角化についてはコンビニエンスストア「ミニストップ」の開店（１９８０年）、大型靴専門店「マイランドシューズ」（現在のニューステップ）の設立（１９８２年）が行われた。また国際化については、米国大手スーパーマーケットであるセーフウェイとの業務提携（1981年）、マレーシアとタイにそれぞれ1号店をオープン（1985年）、英国の婦人服専門店チェーンであるローラアシュレイとの合弁による「ローラアシュレイジャパン」の設立（1986年）、米国の婦人服専門店チェーンであるタルボットの買収（1988年）などが進められた。

6　イオングループへの移行と「グループビジョン」

ジャスコ誕生20周年を控えた1987年10月には、当時ジャスコ新茨木店店長だった岡田元也氏をリーダーとする「21世紀ビジョン・プロジェクトチーム」が発足した。現場の店長や企画スタッフ、外部コンサルトを含めた6名による、21世紀に向けた構想の策定を担うチームであった。すでに連結売上高が1兆円を超える企業グループとなっていたジャスコだが、会長の岡田卓也氏からは「名前そのものを捨ててもよい」との示唆があり、現状否定を前提とした議論がなされた。そこでは、スーパーのイメージが強いジャスコという名称では多角化にはプラスにならないことや、大店法が無くなることを見越して[5]のSC構想や海外のカテゴリーキラー導入、GMSを否定した新業態などのシナリオが描かれたという。名実ともに、大黒柱を再び大きく移動させる試みだったといえるだろう。

そして1989年9月、グループ各社の幹部社員3500名が千葉県浦安市のホールに集められ、「グループビジョン発表会」が開催された。プロジェクトチームが作成したシナリオをもとに、世界に通用する国際的企業グループをめざした事業戦略の展開と自らの変革を宣言し、21世紀に向けての企業アイデンティティ確立をめざしてグループ名称を、「ジャスコグループ」から「イオン（AEON）グループ」に変更することが明らかにされた。グループビジョンの発表にあたり、会長の岡田卓也氏は以下のように述べた。

今からの20年を考えるとき、これまでと同様の成長が期待できるかといえば決してそうではない。過去の延長線上で物事を考えるのはむしろ危険である。本日発表するグループビジョンはきたるべき21世紀に向けて、われわれがどのように変化し、どのような姿をめざすべきかを明らかにするものである。

（『ジャスコ三十年史』536頁）

イオングループの基本理念は、「お客さま」を原点とし、「平和」「人間」「地域」という3つのキーワードで表現される。

事業の繁栄を通じて平和を追求し、人間と人間的なつながりを尊重し、地域の暮らしに根ざし地域社会に貢献する。

（『ジャスコ三十年史』537頁）

この理念は、四半世紀たった現在でも「イオンの基本理念」としてほぼ同じ表現で継承されている。

グループビジョンが示す具体的なグループ戦略のポイントは、まずは小売事業分野の構造転換である。大店法廃止を念頭に、本格的なSC時代の到来に備えてディベロッパー事業とサービス事業の2つの事業分野の強化が掲げられた。また、買収したタルボット社に続く国際事業を積極的に推進し、日本・アジア・欧米の世界3極体制を構築することも宣言された。

こうした事業戦略を展開するための新しいグループ体制としては、「ゆるやかな連帯」の実現が示された。それまでの「連邦制経営」では、親会社であるジャスコが地域ジャスコの出店戦略や資金調達などの経営の根幹をコントロールする関係であったのに対し、「ゆるやかな連帯」では、資本関係や人的支配にこだわらない、柔軟なグループ構造をめざすことになった。そのねらいは、経済社会の変化が激しくなる状況のなかで、さまざまな業態を展開する企業とも広く連携し、各企業の自主・独立を基本として、グループシナジーを創出することにある。

■注

5　当時の大方の認識では考えられない想定だったが、実際にはその翌年（1988年）に日米通商摩擦の焦点の一つとして大店法が取り上げられたことをきっかけに、1992年・1994年と緩和が進み、2000年には大店法が廃止され、代わりに店舗規模に関しては制約のない「大規模小売店舗立地法」が制定されることとなった。

これらを方針のもとで、まず国内では、1990年代前半からホームセンターをはじめとした各地の専門店チェーンとの業務・資本提携が次々と行われた。また、ショッピングセンター（SC）開発に関しては、100%子会社であったジャスコ興産に1989年に大幅増資を行い、新たに大型SC開発を担うイオン興産株式会社として発足させた。加えて、1992年には大和ハウス工業との共同出資で、近隣型SC（NSC）専業のディベロッパーであるロック開発株式会社を設立し、ジャスコの創業当初に設立したダイヤモンドシティとあわせ、積極的なSC展開のための布陣が整う。その他にも、NSCの核店舗になることを想定して、ディスカウントストア業態の「メガマート」や、大型食品スーパー業態の「マックスバリュー」を、新業態として導入した。

国際化については、すでに買収していたタルボットのブランドを国内展開するために、1989年にタルボットジャパン株式会社を設立。1990年には、英国のバス・トイレタリー専門店ザ・ボディショップと日本におけるヘッド・フランチャイズ契約を締結し、その運営会社として株式会社イオンフォレストを設立するなど、欧米の各種専門店との提携を進めた。アジア諸国へのジャスコの出店も相次ぎ、1989〜94年の間にマレーシア、タイ、香港に合計11店舗が開店した。

なお、「ゆるやかな連帯」のコンセプトは、21世紀に入ってからも、イオンのグループ体制を表すコンセプトとして、２００８年の純粋持株会社制への移行の時期まで、繰り返し言及されている。

7　イオンへの社名変更と「グローバル10」構想

ジャスコ創業から30年を経た２００１年8月、ジャスコ株式会社からイオン株式会社への社名変更が行われた（ＧＭＳの店名「ジャスコ」は継続）。同社が近い将来にイオングループの事業持株会社へと移行することを想定し、中核に位置づける4事業（ＧＭＳ、食品ＳＭ、ドラッグストア、金融やディベロッパーを含むサービス）に経営資源を集中させて、およそ１５０社あったグループ企業を再編・集約するという戦略があわせて発表された。

その具体的な目標として示されたビジョンが、「グローバル10」構想である。この「グローバル10」という言葉は、すでに２０００年1月の政策発表会において、社長就任4年目となった岡田元也氏がグループ内部向けに表明していたものである。社名変更発表の場ではさらに踏み込んで、２０１０年までにＧＭＳ事業で3兆円、ＳＭ事業で2兆円、ドラッグストア事業で1兆円、サービス事業で1兆円という、計7兆円の売上高を達成し、売上高で世界の小売企業のトップ10入りすることをめざす方針が示された。岡田社長は「このビジョン実現のためには、

20万人のグループすべての従業員が理念を共有することが前提」と述べており、実際に社名変更日の8月21日には、本部や店舗などで10万人の「入社式」を挙行するなどの取り組みが行われた（『Value Creator』２００1年9月号、88-95頁）。

当時は、フランスの巨大ハイパーマーケット・チェーンであるカルフールが２０００年より日本市場での店舗展開をはじめており、世界最大の小売企業である米国のウォルマートがいつ日本に進出するかが業界の注目を集めていた。２０００年度における世界の小売企業の売上高を見ると、トップがウォルマートの１９３３億ドル、2位のカルフールが５９９億ドル、10位の米国・アルバートでも３６８億ドルであるのに対し、日本の小売企業のトップであるイトーヨーカ堂が15位で２８４億ドル、ダイエーが16位で２６７億ドル、ジャスコは18位の２５１億ドルという状況だった。

世界レベルでの小売業の競争のなかで生き残ることに、早くから意識を向けていた岡田元也氏は、社名変更から1年後の雑誌インタビューで、以下のように述べている。

> ウォルマートが打ち出した効率性は、世界の小売業の基準を変えようとしています。われわれは、世界的な構造変革の嵐に今、のみ込まれようとしている。
>
> （中略）

グローバルレベルでは、日本の総合小売業はあまりに小さすぎて何もできない。

（中略）

総合小売業であれば、世界のベストテンのメンバーでなければ生残りはしんどい。だから、2010年にグローバル10に入る。

（『週刊ダイヤモンド』2002年9月21日、138-141頁）


この発言は、国内小売業の再編や中国市場への展開を問われてのコメントである。その後のイオンでは、大型SCの積極展開、メーカーとの直取引や海外からの直接仕入れの拡大、PB「トップバリュ」の充実、物流やITシステムの整備など、グローバル10というビジョンを至上命題とした取り組みが数年間にわたって続けられることになる。当時、グループ戦略担当取締役だった豊島正明氏は、雑誌インタビューで以下のように発言している。


現状から積み上げるよりもまず、あるべき論から入って戦略を構築した。

（中略）

名実ともにグローバル10に食い込んで、日本の商習慣を変えるためにも、まずかくあるべしという理想像から考える。

（『日経ビジネス』2002年8月19日号、24-42頁）


同じ雑誌記事には、岡田元也氏の以下のような発言も掲載されている。

イオンが今の市場占有率にとどまっている限り、メーカーが直取引に踏み切る決断を躊躇してしまうのは事実。理想を実現するためにも量の拡大は欠かせない。

（『日経ビジネス』２００2年8月19日号、24－42頁）

海外の小売企業が仕掛けてくる規模を背景とした効率化競争に負けずに、顧客に支持され続けることをめざす「グローバル10」のビジョンは、イオンにとってグローバル市場における「下げに儲けよ」の教えを反映したものだったといえるのではないだろうか。

その後、純粋持株会社制への移行を控えた２００8年2月期決算で、イオンは連結営業利益が10期ぶりに減益となる。その翌期からの中期経営計画（3年間）では、拡大が続く中国をはじめとした海外への投資を拡大する一方で、国内では不振ＧＭＳの大量閉鎖と大型ＳＣの出店抑制が盛り込まれている。岡田元也氏は、「グローバル10」構想の成長戦略に方向転換が生じたことを否定したが[6]、この中期経営計画では売上高の拡大よりも収益性が重視されることになった。さらに２００9年2月期決算でイオンは、連結最終赤字に陥り、連結売上高・営業利益の約90％を占める国内市場の立て直しのため、店舗家賃の引き下げや人員配置の見直しによるコスト削減、売り場の商品部門ごとの分社化などに取り組まざるをえなくなった。そしてこの頃になると、「グローバル10」という言葉は新聞・雑誌の記事には登場しなくなっていく。

8　2020年に向けた「4つのシフト」

2010年2月期のイオンの決算は、連結売上高で連結後初の減収になったものの、徹底したコスト削減の効果により最終利益が2期ぶりに黒字回復した。またこの頃から、岡田元也氏の発言に新たな10年に向けたキーワードが登場するようになっていく。

お客さまにより喜んでお金を払ってもらえるもの、欲しいと思っているもの、そういう分野にシフトしていくしかない。

（中略）

そのときにどうやって既存のものを捨てて、組織などを新しいものに切り替えていくのかということが最大の問題です。

（『販売革新』2010年1月号、18-21頁）

この元也氏の発言にある「新しい分野へのシフト」「既存のものを捨てる」といったフレー

■注

6　『週刊東洋経済』2008年4月19日号「GMS100店を見直す 再生には外科手術が必要」（20頁）、『日経流通新聞』2008年12月19日「イオン〝作り直し〟始動 三菱商事が筆頭株主に」（1面）を参照。

ズからは、またしても「大黒柱に車をつけよ」の教えを想起してしまう。イオンが２０２０年に向けた新たな成長ステージへの移行をめざして策定した、２０１１年度（２０１２年２月期）からの３ヵ年である「中期経営計画」のポイントは、この「シフト」にあった。今後の大きな環境変化を「経済のアジアシフト」「人口の都市シフト」「人口のシニアシフト」という３つのメガトレンドでとらえ、イオングループ共通の戦略として、これらの領域に経営資源を振り向ける、というのがその骨子である。

---

① アジアシフト：世界経済の成長エンジンである日本を含むアジア地域を一つのマーケットとして捉え、グループ全ての事業が一体となってアジア新興国市場において成長戦略を推進する。

② 大都市シフト：大都市への人口流入による大都市郊外の発展とモータリゼーションの進展が同時に加速する中国、アセアン、インドにおいて本格的なＳＣ時代が到来するものと認識する。日本国内においても、東京都市圏を中心に中京圏、京阪神圏、政令指定都市等を重点エリアと位置付け成長戦略を推進する。

③ シニアシフト：世界一の高齢社会を迎える日本で、消費意欲の旺盛な団塊世代の高齢化に伴い、シニアの小売・サービス市場が急拡大する。全ての分野でシニア層のニーズの取

り込みを図り新しい成長機会を獲得する。

（イオン株式会社『有価証券報告書（第86期）』24頁）

このビジョンのもとでイオンは、２０１１年3月には日本本社・中国本社・アセアン本社の3本社体制を築き、各本社に大幅な権限委譲を行うことで、各地域における迅速な意思決定と成長戦略の遂行をめざしている。また、同年9月には都市型小型スーパーマーケットの「まいばすけっと」を設立、さらに英国のテスコが保有していた都市型小型スーパーの「つるかめ」を展開するテスコジャパン株式会社の株式を取得し、都市シフト・シニアシフトへの対応をはかる事業への積極投資をはじめている。

２０１２年度からは、これらシフトに「デジタルシフト」を加え、E-コマースやインターネットを活用したマーケティング展開も強化する目標を置いている。

④　デジタルシフト：E-コマース市場の急速な拡大やインターネットを通じた口コミ情報・価格情報に関する消費行動の変化は、小売業を中心とした当社にとって大きな事業機会であり、従来の立地や品揃え等の制約に捉われない新たな視点でのデジタル技術の活用に取り組む。

（イオン株式会社『有価証券報告書（第87期）』24頁）

2014年度からスタートした「新中期経営計画」（3ヵ年）においても、この4つのシフトはそのまま引き継がれ、さらなる経営資源の重点配分の対象として「4シフトの加速」がうたわれている。岡田元也氏は、「シフト」「変化」への期待と意欲を以下のように述べている。

この3年間は、これらのシフトのための仕込みのような期間で、成果としては実現できていないことが多い。が、だいぶ変わってきた手応えはある。3月に始まる新しい3ヵ年計画では、それが次々と花開いていきますよ。

（中略）

お客様が変わる以上、変化対応が当たり前でなければ小売業はできません。

（『日経ビジネス』2014年1月27日号、44-47頁）

これから花が開きそうなイオンの取り組みを、最後にいくつか見てみよう。

2013年5月、京セラドーム大阪のすぐ隣に、商業施設面積3万4000㎡の「イオンモール大阪ドームシティ」がオープンした。大阪市の中心部を周回するJR大阪環状線の内側（都心側）へのイオンのモール型SC出店ははじめてであり、阪神電鉄と大阪市営地下鉄の駅が直結していて、鉄道でのアクセスが容易である。想定商圏は半径3㎞という小商圏内の約20万世帯・約36万人で、まさに大都市シフトを体現したSCといえるだろう。

核店舗はイオン大阪ドームシティ店で、ここ数年イオンが取り組んできたＧＭＳ改革の最新手法が取り入れられているという。イオン初の「窯焼きピザ」コーナーがある1階食品フロアでは、本格的な惣菜の量り売りコーナー「マイセレクトデリ」を備えたデリカ売場と西日本最大級のフローズン売場とが隣接した配置になっており、「簡便」「即食」を切り口にして都市部在住のシニアや共働き世帯にとって買い物しやすい売り場をめざしている。入居するテナントも、物販にとどまらずカルチャー教室やクリニックモールなど日常生活をサポートする「コト」機能が充実していることが特徴である。

さらにここは、防災対応型「スマートイオン」の1号店でもある。建物の耐震性や津波対策を強化し、太陽光とガスを併用した効率的な発電システム「ソーラーリンクエクセル」を、商業施設としては全国ではじめて導入していて、非常時も館内の使用エネルギーを確保できる。スマートフォンで災害・避難情報を確認できる装置も備えられており、ＳＣ周辺が低地であるため住民にとっては非常時の寄る辺として心強い存在になりそうである。

そこから南西へ50㎞ほど離れた丘陵地には、南海電鉄和歌山大学前駅から直結の「イオンモール和歌山」が、２０１４年3月にオープンした。ここは和歌山市北部のニュータウン・ふじと台における商業ゾーンで、大阪府と和歌山県を結ぶ国道26号線に面しており、基本商圏を車で30分圏内の約16万世帯・約42万人に設定している。

近畿エリアのイオンモールで最大面積となる15万5000㎡の敷地を有し、核店舗であるGMS・イオン和歌山店のほか、入居する210店舗のうち6割超を地域初出店の専門店が占める。また、飲食とサービスを合わせた非物販の店舗も約30％の構成比で、ここでもイオンの「コト消費」重視が表れている。大学に近接しているため若者の来店も多そうだが、子育て世代に配慮して授乳室併設の「ベビールーム」を各階に備えたり、フードコートには子供連れでも利用しやすい「キッズレインボースペース」を用意したりしている。また、随所にベンチやソファを配するなどシニア対応も施している。

館内では「イオンWiFi」サービスを提供しており、料理レシピサイト「クックパッド」とコラボした情報や、商品の詳しい情報を閲覧できる。タブレット端末の貸出しサービスもあり、県内全域を配送エリアとする「イオンネットスーパー」のサービスをうまく利用すれば、重い荷物も持たずにすむ。デジタルシフトの新しい試みといえるだろう。

9　まとめ

スクラップ&ビルドを繰り返すイオンには、街づくりなどの観点から批判的な意見が多いことも事実である[7]。この批判に対する、岡田卓也氏の考えは一貫している。

お客さまは変わっていく。それにどう対応をしていくかが、商人の本来の仕事である。いつまでも同じ所で同じものを売っていたのでは、お店はお客様のためにならない。

（岡田（2007）186頁）

「大黒柱に車をつけよ」という岡田家家訓は、たじろがずに新たな未来を拓いてきたイオンの強力な精神的支柱であった。本章では、ジャスコ創業時からほぼ10年ごとに示されてきた5つの長期経営ビジョンを振り返った。それらの長期ビジョンもまた、この「大黒柱に車をつけよ」、そして「上げに儲けるな 下げに儲けよ」という2つの家訓から、少なからぬ影響を受けている。経営には変わるものと、変わらぬものがある。メガ・リテーラーへと大きな発展を遂げたイオンは、ビジョンを引き継ぎ、そのもとでの行動を続けている。

■注

7　たとえば、『日経ビジネス』2014年1月27日号「イオン 飽くなき拡大欲の正体」（24-47頁）、『文藝春秋』2014年4月号「イオンは地方の救世主なのか」（264-272頁）を参照。

■参考文献

イオン株式会社『有価証券報告書』各期版
岡田卓也（2007）『岡田卓也の十章』商業界
岡田卓也（2013）『私の履歴書 小売業の繁栄は平和の象徴』（文庫版）日本経済新聞出版社
ジャスコ株式会社（2000）『ジャスコ三十年史』
販売革新編集部編（2009）『商業界1月号臨時増刊 AEONスタディ』商業界

『激流』2014年6月号、82-86頁
『週刊ダイヤモンド』2004年11月27日号、30-41頁
『週刊ダイヤモンド』2002年9月21日号、138-141頁
『週刊東洋経済』1997年8月23日号、74-77頁
『週刊東洋経済』2005年5月21日号、80-88頁
『週刊東洋経済』2006年12月16日号、30-53頁
『週刊東洋経済』2008年4月19日号、20頁
『日経ビジネス』2002年8月19日号、24-42頁
『日経ビジネス』2005年9月5日号、60-65頁
『日経ビジネス』2008年12月8日号、30-43頁
『日経ビジネス』2014年1月27日号、24-47頁

『日経ベンチャー』2001年6月号、84-86頁
『日経ベンチャー』2001年7月号、82-84頁
『日経ベンチャー』2001年9月号、98-100頁
『日経流通新聞』2003年5月20日、1面
『日経流通新聞』2001年8月21日、9面
『日経流通新聞』2008年4月9日、5面
『日経流通新聞』2008年12月19日、1面
『日本経済新聞』2001年6月4日（夕刊）、3面
『日本経済新聞』2009年12月16日、11面
『販売革新』2010年1月号、18-21頁
『販売革新』2014年5月号、45-47頁
『文藝春秋』2014年4月号、264-272頁
『Chain Store Age』2013年7月1日号、34-37頁
『Chain Store Age』2014年4月15日号、22-24頁
『Value Creator』2001年9月号、88-95頁

■補　章

長期経営ビジョンを考えるにあたっての環境について

1　日経センター　グローバル長期予測

企業人が長期経営ビジョンを考えるにあたって気になるのは、事業環境、すなわち日本そして世界の未来はどうなっていくかであろう。以下では、まず、公益社団法人日本経済研究センターが2014年に発表した、「グローバル長期予測と日本の3つの未来―経済一流国堅持の条件」をベースに加筆修正された『人口回復』から、長期マクロ経済予測を見てみよう。

なお、長期経済予測は前提が変わると大きく結果が変化する。人口予測のように比較的未来を予想しやすい分野もあるが、予測が難しい分野もあり、各機関、各有識者でも意見が分かれることも多い。これらは、あくまで長期経営ビジョンを考えるにあたっての参考情報であることに留意されたい。

日本の将来の課題

まずは日本の将来についてである。日本の諸問題の根底には人口減少がある。人口は減り続け、国際社会での存在感はどんどん小さくなる。現在の日本ではひと組の夫婦から1・43人（2013年）の子どもが生まれている。新たな世代の人口は親世代のおよそ7割に減る。親世代と子世代の差がおよそ30年程度、１００年で3世代が入れ替わるとすれば、出生率が今のままで推移すると、人口は１００年後には今の４割、２００年後には１割程度に減る計算だ。

同時に超高齢化も進行する。２０５０年には75歳以上のいわゆる後期高齢者が４人に１人になる。65歳以上の後期高齢者を含めると約４割を占めるようになる。この状態は21世紀後半以降、出生率が変わらなければ果てしなく続く。高齢者層が多く、若年層が少ないという人口構成を保ちながら、人口が減り続ける社会だ。

こうした人口減と人口構造が続く限り、現役世代を中心に重い税や社会保障負担から逃れられない。日経センター予測によると、改革のテンポが過去20年程度の緩やかなものにとどまる「停滞」シナリオの場合、２０５０年までに国民負担率は60％近くになり、現役世代の実質消費水準は２０１０年に比べ約2割低下する。負担に耐えられなければ財政が破綻する可能性も十分ある。成長が加速しても、現役世代が重い負担を背負う構造は変えられない。

人口減が続けば、当然国内需要は細っていく。バブル崩壊後、不良債権を片付けた後も国内経済に明るさが戻らないのは、先細りを織り込んで企業が積極投資や雇用の拡大に踏み切らないからだ。その結果、企業は多額の余剰資金を抱えて、海外への直接投資やＭ＆Ａに資金の使い道を求めている。そして、人口減社会の行く先には経済小国化がある。

仮に人口減を放置すると、日本経済はどんどん国際社会での存在感をなくしていく。世界64

カ国のGDPに占める比率をみると、日本はバブル期の1990年に対し、停滞シナリオの場合、2100年には1・7%と、100年あまりで存在感は約10分の1近くになる可能性がある。

覇権は米国。中国は停滞の可能性——2050年の世界地図

日経センターの予測で、主要国がどのように成長するのかを見てみよう。

2050年に世界一の経済大国は米国と予測している。かたや国際機関や他のシンクタンクは、中国が世界一の経済規模になるとみている場合が多い。

米国は、市場の開放度、起業のしやすさ、労働市場の自由度、男女間の格差など経済が発展するための基礎的な条件が、バランスよく整っている。海外からの投資や人材が引き続き流入する。ヒトとカネの流入は米国のイノベーションの原動力であり、これが続く限り21世紀も米国が経済覇権を握り続ける可能性が高い。

また、一人当たりの豊かさでは、現在と同様に北欧諸国が上位にくる。福祉とともに競争を重視することが、北欧の豊かさの源泉となる。米国ほどの労働市場の自由度はないが、徹底して男女間の格差を是正し、人材をフル活用していることが北欧諸国の特徴だ。これに対し、中国は政治・経済体制がネックとなって停滞し、経済規模は米国の3分の1程度にとどまると予

測している。

日本の成長を阻む4つの壁

日経センター予測では、「日本の3つの未来」を描いている。1つ目は、大胆な改革を実現し、人口減少が続いても、21世紀半ばに1人あたり国民総所得（国内総生産に海外からの純所得を加えたもの、以下GNI）が9万ドル（1ドル＝95円換算で855万円）と現在の4・2万ドルから2倍以上に増える「成長シナリオ」だ。1人当たりGNIは世界3位になる。一方、改革のテンポがここ20年程度の緩やかなものにとどまると、財政再建などに伴う負担増から次第に生活水準は低下する（停滞シナリオ＝基準シナリオ）。無策のまま改革の歩みが止まると、成長が衰え財政破たんに陥る恐れもある（破綻シナリオ）。2010年から2050年の平均成長率はマイナス0.6％で、1人当たりGNIは2010年よりも低下してしまう。20世紀初めに豊かな先進国だったアルゼンチンが直面した衰退に似たような道筋を歩むことになる。

成長シナリオの実現には「4つの壁」を打破する必要があるという。

第一の壁は、

「雇用慣行・制度の壁」

である。日本は女性、若者、高齢者の潜在力を生かし切れていない。特に男女間の格差を是正していくことは大切だ。また、自由で柔軟な労働市場も大切である。

第二の壁は、

「国内外からの新規参入を阻む資本・規制の壁」

である。産業の活性化には異業種やベンチャーの参入を含めた競争促進が不可欠だが、日本は閉鎖性が目立つ。国内投資に対する障壁は経済協力開発機構（ＯＥＣＤ）諸国で最も高く、過去15年間で悪化している。市場開放度、起業のしやすさは未来に対して大切な要素である。

第三の壁は、

先ほど指摘した「人口減少の壁」である。

第四の壁は、

「エネルギーの壁」

である。成長シナリオでは、停滞シナリオに比べエネルギー消費が20％以上増える。この50年の化石燃料輸入額は、国際エネルギー機関（ＩＥＡ）の原油価格見通しをもとにすると50兆円になる。

2　様々な環境変化の予測

雇用・働き方はどうなるのか

リンダ・グラットン氏の『ワーク・シフト』がベストセラーになっている。その要旨は、先進国は年金が少なくなることが予想されている、よって多くの人は60歳の定年まではなく、体が元気なうちは一生働き続けることになる。定年して毎日ゴルフするというハッピーリタイアメントを送れる人は少なくなるのである。そうなると、一つの会社に一生いる可能性は低くなる。終身雇用の会社でも、60歳あるいは65歳を超えて雇ってくれる会社は少ないだろう。多くの人が、転職や起業を体験することになる。あるいは転職先や起業の形態としてNPOやNGOを選ぶ人、または掛け持ちする人も増えるだろう。いずれにしても、働き続けるのだ。その変化に対して強くあるためには、専門性や人的ネットワークが必要だと指摘している。これは、あくまでグローバルな先進国という前提であるが、日本も例外ではない。終身雇用制度がだんだん崩れていくということになる。前出の日経センター予測でもジェンダーギャップの解消、女性の登用、労働自由度などが向上しないと、成長は難しいと指摘されている。

日本の労働者の勤続年数をみると、50～59歳の男性で20年強、女性の場合は15年前後であり、必ずしも新入社員が定年退職まで同一企業に勤め続けるという意味での終身雇用になっていない。すでに日本的慣行は崩れ始めているのである。今後、日本では労働人口が減少し、ハイパフォーマーと呼ばれる人から流動化が始まっているといえる。

しかし、大企業が人材流動化を前提にした人事制度や企業風土を整え、流動性が高い社会が作られているかというと、実態はまだまだできていないといえるだろう。

多様な働き方を推奨する企業も一部登場している。たとえば上場企業であるサイボウズというIT会社は、ウルトラワークという新しい働き方を実施している。一言でいえば、働く時間も場所も制限を設けない働き方だ。中・長期の働き方を9つのタイプから選択する「選択型人事制度」に対して、「ウルトラワーク」は1回1回の〝単発〟で働き方を選択することができる。同社の青野慶久社長は育休をとったことのあるイクメン社長として有名だが、このように働き方の制度が変化し、意識も変わってきている。そして、もっと変化しているのは「従業員は使用人であり、なんでも会社のいうことを聞く」といった関係から、対等とまではいかなくても、それぞれのパフォーマンスを発揮する契約関係へ移行してきている。さらに、よい人材を獲得するには「何のために仕事をするのか」が明確で、「こんなおもしろい仕事ができる」「働き方が自由だ」と思われる、働きがいを提供できる環境が必要になってくる。

「働きがい」と「働きやすさ」は区別して考えられているが、「働きがい」を構成する要素には、「会社や部門に貢献している実感」「社会に貢献している実感」「仕事を通じて自分が成長している実感」「信頼関係のある仲間」「自分が難しい仕事を成し遂げた実感」「チャレンジする機会」などが挙げられる。また、働きやすさを構成する主な要素は、「公正公平や評価」「ワークライフバランス」「社内のコミュニケーションのよさ」などがあげられる。このような環境が整った職場づくりが、離職率を減らし、ダイバーシティを高め、労働人口の確保につながっていくと考えられる。

活力ある経済のために

日経センター予測では資本・規制の壁を、外資参入・対内投資の障壁、不透明な企業再生ルール、異業種・ベンチャーの参入が乏しいことを課題として指摘している。

日本の対内投資は低調だ。対外はある程度伸びているものの、対内は伸び悩んでいる。それと対照的なのが中国だ。対内投資を製造業を中心に積極的に受け入れ、そこに雇用をシフトさせることで経済全体として生産性を高めている。

産業の活性化には異業種やベンチャーの参入を含めた競争促進が不可欠だが、日本は閉鎖性が目立つ。米国ヘリテージ財団の「市場開放度」でみると、対内投資に対する障壁はＯＥＣＤ諸国でもっとも高く、過去15年で悪化している。また、「貿易」の自由度は他国と比べて遜色ないものの、「投資」と「金融」における規制が強い。

日本における起業活動に関しては、一般財団法人ベンチャーエンタープライズセンターの「平成24年度創業・起業事業　起業家精神に関する調査」によると、他国と比べ低水準で、それは大きな変化はない。また、ベンチャー企業を起こそうという起業態度を有する割合が低いことが国全体の起業活動が低い要因であることが指摘されている。逆にいったん起業態度を持つことができれば、起業活動は高まることが予想されているが、起業態度を持たない人の割合は年々増えており、むしろ状況は悪化している。起業したり、成功したりすることが尊敬され、推奨される社会をつくることが必要だ。

大学をイノベーションの基地として活用する改革も大切である。人材も大学の知財も有効活用されているとはいえない状況にある。

エネルギーの課題

日本において長期的な経済成長を実現する上でエネルギーは重要である。特に、東日本大震災以降、日本のエネルギー環境は大きく変わった事は周知の事実である。

東日本大震災の前を思い出してみると、民主党政権の鳩山総理の時代、CO_2の25％減という公約をした。これによって、省エネを進めなければならない意識が芽生え始めたが、東日本大震災が起きたことで、その意識は大きく変化し、企業や個人のエネルギーに対する意識やりテラシーも大きな変化を見せた。

企業はＢＣＰ（事業継続計画：Business continuity planning）を重視し、社会全体では、電力の供給量不足に伴う節電意識の向上が見られた。

このような社会環境や意識の変化の中、課題として上げられるのは、原発の再稼働が当面難しい状況の中、また、少なくとも震災前よりも「減原発」となることが確実な中、エネルギーコストの増加に加え、温暖化ガスの削減や化石燃料の価格変動、貿易収支の悪化、国際情勢による供給断絶などへの対応が求められている。

エネルギーコストに関係する研究では、先ほどの日経センター予測において、脱原発を前提として、成長が停滞する場合（11年～50年で０・２％成長）に比べ、成長シナリオ（同１・４％）では、エネルギー消費量が約20％増える。米国エネルギー省のエネルギー情報局（ＥＩＡ）の原油価格を基に、この増加分を石油燃料輸入で賄うと考えると２０５０年には、年間10兆円以上になり、石油燃料の輸入増額は50年度時点で12年度の２倍以上の50兆円に達するとしている。

また、環境性では、国際社会において、ＩＰＣＣ５次報告では温暖化の深刻さを再度認識した形となり、日本への国際社会からの圧力が強まることが予想される中、日本でも温暖化対策は再度、活発に議論され始めている。

このような情勢を受け日本政府の動きとしては、従来からの基本方針である、「３Ｅ＋Ｓ」

（3つのEエネルギーの安定供給（Energy Security）、経済効率性の向上（Economic Efficiency）、環境への適合（Environment）＋安全（Safety））を前提に、2014年4月に、発表されたエネルギー基本計画で、再生可能エネルギーの推進とともに、天然ガスシフトの促進が明記された。

これは、天然ガスが熱源としての効率性が高い事、化石燃料の中でCO_2などの温室効果ガスの排出が最も少ないこと、発電においてミドル電源の中心的な役割を果たしていることなどの特徴から、日本のエネルギー政策の中で天然ガスの重要性が増しており、「天然ガスシフト」を促進することを政府として明言した形である。

この「天然ガスシフト」を促進するにあたって注目されているのは、天然ガスを用いたボイラー・工業炉や、ガス コージェネレーションを用いた分散型電源、ガス冷暖房などである。

これらのガス設備は、天然ガスの持つ特徴の中で、安定供給という特徴に加え、環境対策における優位性や省エネ対策、さらにはＢＣＰという視点でもその優位性を発揮する。

2014年4月に施行された「省エネ法改正」でも、電力ピーク対策を強化するために、企業のエネルギー消費の抑制をより高く評価するなど、具体的な省エネ策を後押しする形となっている。

さらに、ＢＣＰという視点では、政府としても本腰を入れて推進するため、2014年6月に国土強靭化基本法に基づき「国土強靭化基本計画」および「国土強靭化アクションプラン」を策定し、その中でＢＣＰの策定を大企業について１００％、中小企業でも50％が目標とされている。

この国土強靭化計画の中のエネルギー分野では、コージェネレーション、燃料電池、再生可能エネルギー、水素エネルギーなどの地域のおける自立・分散型エネルギーの導入促進を方針としている。

これについては、既に具体的な事例が存在している。

東京・六本木ヒルズは、耐震性や非常時にコージェネレーションを使った電力の確保、非常時のビルマネジメントの体制の点から入居を希望する企業が増加した。コージェネレーションについては、非常時だけでなく、いつも動かして電力料金を減らす対策に活用したり、売電したりするようになり、リスクに備えるだけでなく、平常時に合わせたメリットを考えるようになってきている。

さらに、電力（ガス）システムの改革、自由化という流れも重視すべきである。この規制改革により、需要家サイドである企業も柔軟かつ多様なエネルギーへのアプローチが可能となる。例えば、環境・省エネ対策だけではなく、コージェネレーションで発電した電気を売電し、新たな収入源とすることも可能となるかもしれない。

そして最後に忘れてはならないエネルギーの大きな環境変化では、「シェール革命」がある。これまで、限られた産出国からの輸入に頼っていた天然ガスが、アメリカをはじめとする世界各国に埋蔵されているシェールガスの採掘が可能となったことで、その可採年数が大きく伸びたことによる安定供給、国際市場での価格競争の激化によるコスト低減、また天然ガスがそもそも持つ、CO_2排出量が少ないなどの環境優位性などが相まって、天然ガスの高度かつ広範な利用拡大に期待できる。

このように、エネルギー分野における取り組みは、国家レベルやエネルギー会社だけの対策対応ではなくなり、企業活動全般にわたり大きな影響を与えることが明白となってきている。

このエネルギー環境や政策の変化をとらえ、経営ビジョン、経営計画へ反映することも重要な要素である。

科学技術の将来

日本の科学技術政策の歴史を振り返ると、70年～80年は欧米キャッチアップ時代であった。旧通産省が産業政策として大型工業技術研究開発制度を実施した。その代表例が超ＬＳＩ技術研究組合である。当時、欧米は基礎研究が進んでいて、それに上手く乗っかっているのが、日本だという基礎研究ただ乗り批判があった。これが大きな政策転換点になり、つくばにおいて企業の基礎研究所設立ブームが起きた。そして、国際研究プロジェクトにおいて世界に貢献するという手法をとった。これは現在も続いている。

２００１年に科学技術会議を改組。総合科学技術会議が置かれた。１９９５年時点で政府の科学技術予算はＧＤＰ比０・５％であり、海外の基礎研究に日本タダ乗り論が出ても仕方がなかった状況で、政府はＧＤＰ比１・０％を事実上目指してきた。たとえばポスドク1万人計画。任期付任用制度を導入して流動性を確保しようとした。日本の科学技術研究費は米国、中国についで3位。２００９年に中国に抜かれた。各国、特に中国は増加基調であるが、日本は右肩下がりである。

国際競争のなかで、日本のイノベーション度は下がっているが（ＷＩＰＯ、２００７年4位から２０１２年25位）、ノーベル賞受賞者数では2位で個々の力はある。現在の安倍政権において、総合科学技術会議の抜本的強化が図られている。その内容は「基礎研究から実用化まで」を「教育から市場展開まで」という提案だ。

世界もイノベーション一色で、米国オバマ政権は２００９年イノベーション戦略をつくり、ＳＴＥＭ（サイエンス、テクノロジー、エンジニアリング、マスマティックス）理工系数学教育を熱心に実施している。ＥＵはオープンイノベーションをテーマにＨＯＲＡＩＺＯＮ２０２０を立案。ＥＵ内の手続き簡素化などで産業強化を図っている。

今後40年のグローバル予測

日経センターの長期予測を前提にしてきたが、参考のために別のグローバル予測も紹介する。ヨルゲン・ランダースの『今後40年のグローバル予測』においては、システムの変化を伴う5つの主要な問題を指摘している。1つ目は資本主義が終焉するかである。これについては、古いタイプの資本主義は世界の一部では残るが、別の場所では劇的に変化するとしている。2つ目は経済成長が終わるのかについては、過去40年間の高い成長率をこの先維持することは難しく、2052年時点で地球のGDPは2倍と予測している。3つ目は緩やかな民主主義は終わるのかについて、現在の民主主義では、気候変動など大きな問題に対して対応することに時間がかかりすぎるシステムだとしている。4つ目の世代間の調和は終わるのかに関しては、若い世代が、前の世代の負債を引き継げるかという問題である。これについては、問題が起こることを予測している。そして5つ目は、安定した気候は終わるのか少なくとも2052年より前に破壊的な状況に陥ることはないとしているが、かなり厳しい見方をしている。

この本が指摘している点を挙げると、

- 都市化が進み、出生率が急激に低下する中で、世界の人口は予想より早く2040年直後にピーク（81億人）となり、その後は減少する。

- 経済の成熟、社会不安の高まり、異常気象によるダメージなどから、生産性の伸びも鈍化する。
- 人口増加の鈍化により労働生産性向上の鈍化から、世界のＧＤＰは予想より低い成長となる。それでも２０５０年には現状の２・２倍になる。
- 生産性向上のスピードは鈍化する。経済の成熟、格差などによる社会紛争の激化、異常気象によるダメージがその原因である。
- 資源枯渇、汚染、気候変動、生態系の破壊、不公平といった問題を解決するために、ＧＤＰのより多くの部分を投資に回す必要が生じる。このため世界の消費は、２０４５年をピークに減少する。
- 資源と気候の問題は、２０５２年までには、壊滅的なものにはならない。しかし21世紀半ば頃には、歯止めの利かない気候変動に人類はおおいに苦しむことになる。
- 資本主義と民主主義は本来短期志向であり、ゆえに長期的な幸せを築くための合意がなかなか得られず、手遅れになる。
- 以上の影響は、米国、米国を除くＯＥＣＤ加盟国（ＥＵ、日本、カナダ、その他大半の先進国）、中国、ＢＲＩＳＥ（ブラジル、ロシア、インド、南アフリカ、その他新興国10ヶ国）、残りの地域（所得面で最下層の21億人）で大きく異なる。

・予想外の敗者は現在の経済大国、なかでも米国（次世代で1人当たりの消費が停滞する）。勝者は中国。ＢＲＩＳＥはまずまずの発展を見せるが、残りの地域は貧しさから抜け出せない。

としている。このように、日経センター長期予測では、２０５０年の勝者を米国と予想しているが、ヨルゲン・ランダースの予測では中国としている。

■参考文献

岩田一政・日本経済研究センター編（２０１４年）『人口回復』日本経済新聞出版社

リンダ・グラットン（２０１２年）『ワーク・シフト』プレジデント社

玉村雅敏・横田浩一他（２０１４年）『ソーシャルインパクト』産学社

一般財団法人ベンチャーエンタープライズセンター　平成24年度創業・起業事業　起業家精神に関する調査

ヨルゲン・ランダース（２０１３年）『２０５２今後40年のグローバル予測』日経ＢＰ社

あとがき

「10年後、自分の会社はどうなっていますか？」あるいは「どうなっていたいですか？」と聞かれて、即答できる方はなかなかいないのではないか？　本書1章で栗木教授は、事業の未来を方向付けるモデルとビジョンに分けているが、モデルはまだなんとなく説明できても、ビジョンを説明できる方は少ないだろう。事業にはロマンとソロバンが必要と言われているが、ソロバンである予算や経費の話に追われているけど、ロマンの話は最近とんと聞いたことはないという方が多い印象を受ける。

では、将来的なモデルやビジョンを描いている場はどこにあるのだろうか。将来的な計画というとまず、中期経営計画を思い浮かべる人が多いだろう。社内において、中計は絶対的な存在である。しかし、そこに長期的なモデルやビジョンが本当に描かれているのだろうか？「あれを作ることが経営企画部の仕事」と中計を作ること自体が目的化していたり、アナリストなどマーケットサイドからは「実現性のない計画ばかりつくる」といわれている会社があったり、中計に対する反応は様々だ。例えば、リーマンショックの時のように、外部の経済環境が大きく変化してしまうと、中計の後半は実態と計画の乖離がありすぎて意味をなさないものになってしまったところが多くあった。また、社長の任期と中計の時期にずれがあると、「前の社長の時代に作った中計だから」と社内的に意味をなさなくなることも多い。そして、そのような中計は、マーケットサイドからは「コミットメントのない中計」となってしまう。また、現在の四半期決算により、どうしても企業の現場は短期志向になっていて、長期どころか、来年、再来年のことも考えられない、考えたくないという声もある。

このような環境下で、長期経営ビジョンは経営にとって有効なのか、必要なのかということをテーマに研究することになり、2013年に公益社団法人日本経済研究センターの長期経営ビジョン研究会として石井淳蔵先生を座長に発足した。研究会は約2年近く実施させていただいた。

一口に長期経営ビジョンといっても、企業理念、経営理念に近いものから、中期経営計画に近いもの、ビジネスモデルや数字に落とし込んであるものまで様々で、各社の定義や捉え方も違う。各社のご講演をお伺いしたあと、同じくらいの時間をとって議論をしたことにより各社の考え方や違いが分かり、理解が深まった。また、人口問題や環境、エネルギー、科学技術の進歩など、これから先、経営を取り巻く環境がどのように変化していくかも重要なファクターだ。これらの識者にもお話をお伺いすることができた。

本書は、この研究会を通して得た知見をもとに、研究会の成果としてビジョナリーな会社のケースを紹介してまとめたものである。

研究会を通して、大変多くの方にご講演、ご参加していただきご意見をいただいて、多くの知見を得ることがでた。また、多くの方に執筆に際して多大なご協力をいただいた。この場をお借りして厚く御礼申し上げる。

研究会にご講演、ご参加いただいた方、また、取材にご協力いただいた方（順不同・敬称略）

赤池学（ユニバーサルデザイン総合研究所）、金谷年展（東京工業大学）、河野雄一郎（森ビル）、小川真史、郷原朋子（資生堂）、松田良夫（東レ）、藤崎孝志（アサヒビール）、高須武男（バンダイナムコホールディングス）、広村俊悟（トッパンフォームズ）、西水卓矢（阪急阪神ホールディングス）、服部統幾（日本政策投資銀行）、林源太郎（三菱商事）、小川正人（スカパーJSAT）、安藤聡（オムロン）、高山千弘（エーザイ）、木内政雄（U. P. n .P.）、金井政明（良品計画）、井上雅之、夏秋英治、三村泰彦、浜田未知（大阪ガス）、大村芳徳、竹内雅人（日本経済新聞社）、小林辰男（日本経済研究センター）、ほか。

研究会メンバー（肩書きは研究会発足当時）

▼ワーキンググループ

座長　石井淳蔵（流通科学大学学長）

福井　誠（流通科学大学教授）

栗木　契（神戸大学教授）

西川英彦（法政大学教授）

清水信年（流通科学大学教授）

水越康介（首都大学東京准教授）

横田浩一（流通科学大学特任教授、日本経済研究センター特任研究員）

▼事務局

猿山純夫（日本経済研究センター研究本部長兼主任研究員）

小野寺敬（日本経済研究センター研究本部担当部長兼主任研究員）

竹中慎二（日本経済研究センター研究本部副主任研究員）

研究会の座長、本書の編著者である石井淳蔵先生からは、研究会を通してビジョナリーとは何かについてご示唆をいただいた。栗木契先生には、研究会のまとめと編著の実務をご担当いただいた。また共著者の福井誠先生、西川英彦先生、清水信年先生の皆様方にはワーキンググループの議論において、多くの知見をいただいた。また事務局の猿山純夫氏、小野寺敬氏、竹中慎二氏にはスムーズな研究会運営において大変お世話になった。出版に際しては中央経済社の市田由紀子氏にお世話になった。厚く御礼申し上げる。

本書が、読者の皆様方のお仕事の一助となれば、日本企業の将来に役立てば著者の一人として望外の喜びである。

平成27年初春の候

横田浩一

西川英彦（にしかわ　ひでひこ）第３章担当

法政大学経営学部教授、博士（商学）

同志社大学工学部電子工学科卒。神戸大学大学院経営学研究科博士課程後期課程修了。ワールド、ムジ・ネット株式会社取締役、立命館大学経営学部准（助）教授、教授を経て、2010年より現職。2012年より日本マーケティング学会常任理事。

主著に、『ビジネス三國志』（共著、プレジデント社、2009年）、『１からの商品企画』（共編著、碩学舎、2012年）、『ネット・リテラシー ―ソーシャルメディア利用の規定因』（共著、白桃書房、2013年）など。

福井　誠（ふくい　まこと）第５章担当

流通科学大学総合政策学部教授、博士（人間文化学）

関西大学社会学部卒業、同大学院社会学研究科博士課程前期修了。民間シンクタンク勤務、広告代理店自営などを経て、富山女子短期大学商経学科専任講師、甲子園大学経営情報学部助教授、現在経営学部教授、学校法人中内学園流通科学研究所教授、流通科学大学情報学部教授を経て2010年より現職。

主著に、『都市と商業』（共著、税務経理協会、2009年）、『21世紀私の経営戦略』（共著、学会センター関西、2001年）、『生活と情報の科学』（共著、中央法規、1997年）。

清水信年（しみず　のぶとし）第８章担当

流通科学大学商学部教授、博士（商学）

神戸大学経営学部卒業、同大学院経営学研究科博士課程修了。奈良大学社会学部専任講師、流通科学大学商学部専任講師・准教授を経て2011年より現職。

主著に、『インターネット社会のマーケティング』（共同執筆、有斐閣、2002年）、『売れる仕掛けはこうしてつくる ―成功企業のマーケティング―』（共編、日本経済新聞社、2006年）、『ビジネス三國志』（共著、プレジデント社、2009年）、『１からのリテール・マネジメント』（共編著、碩学舎、2012年）。

■著者略歴

石井淳蔵（いしい　じゅんぞう）第2章担当
流通科学大学　学長、博士（商学）
神戸大学経営学部卒業、同大学大学院経営学研究科博士課程修了。同志社大学商学部教授、神戸大学大学院経営学研究科教授等を経て、2008年より現職。
主著に、『ブランド』（岩波新書、1999年）、『マーケティングの神話』（岩波現代文庫、2004年）、『ビジネス・インサイト』（岩波新書、2009年）、『マーケティングを学ぶ』（ちくま新書、2010年）、『寄り添う力』（碩学舎、2014年）、『愛される会社のつくり方』（共著、碩学舎、2014年）。

栗木　契（くりき　けい）第1章、第4章担当
神戸大学大学院経営学研究科教授、博士（商学）
神戸大学経営学部卒業。同大学大学院経営学研究科博士課程修了。岡山大学経済学部助教授、神戸大学大学院経営学研究科准教授等を経て、2012年より現職。
主著に、『リフレクティブ・フロー』（白桃書房、2003年）、『マーケティング・コンセプトを問い直す』（有斐閣、2012年）、『マーケティング・リフレーミング』（共編著、有斐閣、2012年）、『ゼミナール・マーケティング入門・第2版』（共著、日本経済新聞出版社、2013年）、『ビジョナリー・マーケティング』（共編著、碩学舎、2013年）。

横田浩一（よこた　こういち）第6章、第7章、補章担当
横田アソシエイツ代表取締役、日本経済研究センター特任研究員
早稲田大学卒業。日本経済新聞社を経て、2011年より現職。2005年～2008年日経広告研究所兼務研究員。2011年～2014年流通科学大学商学部特任教授。
主著に、『愛される会社のつくり方』（共著、碩学舎、2014年）、『ソーシャル・インパクト』（共著、産学社、2014年）、『グローバル・ブランディング』（共著、碩学舎、2014年）。

硯学舎ビジネス双書

明日は、ビジョンで拓かれる

長期経営計画とマーケティング

2015年2月28日　第1版第1刷発行

編著者　石井淳蔵
　　　　栗木　契
　　　　横田浩一
発行者　大西　潔
発行所　㈱硯学舎
　　　　〒514-0823 三重県津市半田97-5
　　　　TEL 0120-77-8079　FAX 03-5315-4902
　　　　E-mail info@sekigakusha.com
　　　　URL http://www.sekigakusha.com
発売元　㈱中央経済社
　　　　〒101-0051 東京都千代田区神田神保町1-31-2
　　　　TEL 03-3293-3381　FAX 03-3291-4437
印　刷　昭和情報プロセス㈱
製　本　誠製本㈱

＊落丁、乱丁本は、送料発売元負担にてお取り替えいたします。

ISBN978-4-502-13831-7　C3034